**기독교문서선교회** (Christian Literature Center: 약칭 CLC)는 1941년 영국 콜체스터에서 켄 아담스에 의해 시작되었으며 국제 본부는 미국 필라델피아에 있습니다. 국제 CLC는 59개 나라에서 180개의 본부를 두고, 약 650여 명의 선교사들이 이동도서차량 40대를 이용하여 문서 보급에 힘쓰고 있으며 이메일 주문을 통해 130여 국으로 책을 공급하고 있습니다. 한국 CLC는 청교도적 복음주의 신학과 신앙서적을 출판하는 문서선교기관으로서, 한 영혼이라도 구원되길 소망하면서 주님이 오시는 그날까지 최선을 다할 것입니다.

♥ 크리스 홀(Chris Hall)
레노바레 회장

레이시 보르고의 책은 무척 훌륭하다. 누군가 이 책을 눈물 흘리지 않고 완독한다면, 분명 그 사람의 마음은 돌처럼 단단할 것이다. 레이시는 어린이, 성령의 역사, 이 소중하고 성장하는 형상을 지닌 자들에 대한 하나님의 특별한 사랑을 이해한다. 이 책은 어린이 관련 일을 하는 사람, 그리고 성장의 장점과 어려움을 기억하고 지금도 경험하는 모든 사람에게 도움이 될 것이다. 지혜롭고 놀라운 책이다.

♥ 존 로베르토(John Roberto)
저자, 강사, 평생 신앙 형성 컨설턴트

『어린이와 영적 대화』에는 견고한 신학, 영적 통찰력, 실용적 제안, 어린이의 이야기, 하나님과의 관계 등 사랑할 만한 것이 너무 많다. 하지만 나는 레이시의 어린이에 대한 깊은 감사와 사랑을 가장 좋아한다. 그녀는 어린이의 세계와 하나님과의 관계로 들어가 그들의 삶에서 무슨 일이 일어나는지, 그리고 하나님이 그들 삶에서 어떻게 일하시는지 이해하도록 우리를 안내한다. 그녀는 우리에게 어떻게 어린이를 영적으로 지도할지 소개하고, 어떻게 그들의 말을 경청할지, 어떻게 그들의 삶과 신앙을 귀하게 여길지 가르친다.
이 책은 부모, 조부모 그리고 어린이 및 그들 가족을 위해 일하는 모든 사람에게 주는 선물이다.

♥ 개리 문(Gary W. Moon)
웨스트몬트대학(Westmont College)의 마틴 인스티튜트(Martin Institute) 및
달라스윌라드센터(Dallas Willard Center) 창립 이사
『달라스 윌라드』(Becoming Dallas Willard) 저자

당신이 부모나 조부모이거나 어린 시절을 보낸 적이 있다면 이 책은 바로 당신을 위한 것이다. 레이시 보르고는 재미있고 서민적이며 통찰력 있고 실용적이며 매력적인 방식으로 글을 쓴다. 그리고 그녀는 영리하고 지혜롭다. 그녀의 친구인 예수님처럼, 하나님의 나라를 발견하고 싶다면 어린이의 말을 잘 들어야 한다는 것을 안다. 어린이는 천국을 받아들이는 방법을 알고 천국에 대해 가르칠 것이 많다. 그러니 당신이 알고 사랑하는 어린이를 더 잘 돌보는 사람이 되고 싶다면 이 책을 구입하라. 아울러 하나님과의 관계를 깊게 하기 위해서도 이 책을 읽어라.

♥ 메리케이트 모스(MaryKate Morse)
멘토 및 작가

예수님은 어린이에게 관심을 가지고 축복함으로 그들을 존중하셨다. 보르고는 매우 현실적이고 활기차고 영적인 어린이 세계를 돌보는 이 놀라운 책으로 그 유산을 이어 간다. 그녀는 상황이나 외적 요소와 관계없이 어린이를 신선한 관점으로 바라보도록 우리에게 영감을 준다. 그녀는 영적 대화를 통해 이 작은 영혼들과 함께하고 양육하도록 우리를 가르친다.
이 책은 우리가 그리스도와의 친밀함을 추구함과 동시에 어린이에게 더 나은 어른이 되고자 하는 모든 사람을 위한 것이다.

🖤 홀리 알렌(Holly Allen)
어린이 영성 서밋(Children's Spirituality Summit) 회장
립스컴대학교(Lipscomb University) 가족 연구 및 기독교 사역 교수

보르고는 어린이를 위한 영적 지도의 신성한 공간으로 우리를 초대하여 그들의 영적 여정에서 그들과 함께 가는 방법을 보여 준다. 그 과정에서 그녀는 접근하기 쉽고 매력적인 질감 있는 신학 태피스트리를 엮어 관대함의 삼위일체 신학을 발전한다. 그녀의 서정적인 글은 우리를 끌어들인다. 그녀의 겸손한 접근 방식은 우리의 마음을 사로잡는다. 그녀의 감동적인 이야기는 영적 대화를 가능하게 한다.
나는 보르고의 작품이 깊은 감동을 주고, 부드럽고, 매혹적인, 어린이 영성의 또 다른 고전이 될 줄로 믿는다. 이 책은 모든 시대에 유익이 될 것이다.

🖤 트레버 허드슨(Trevor Hudson)
레노바레 및 풀러신학교 목회학 박사 영성 지도 프로그램 강사
『영성 정체성 발견』(Discovering Our Spiritual Identity) 저자

레이시(Lacy)는 함께 지내는 어린이들에 대한 분명한 존경심, 그들이 일상적으로 경험하는 것에 대한 그녀 자신의 신성한 호기심 그리고 그들의 삶에 숨겨진 하나님 임재에 대한 개인적인 확신을 통해 우리가 어떻게 우리 가운데 있는 어린이와 함께할 수 있는지 보여 준다. 그녀의 메시지는 부드럽고 일관적이다. 어린이는 하나님의 형상을 반영한다. 하나님은 그들의 삶에 개인적으로 임재하시고 사랑으로 활동하신다. 주의를 기울이고 잘 듣기 바란다.
이 책은 영성 형성과 관련하여 어린이와 창의적으로 상호 작용하기를 원하는 모든 조부모, 부모, 목사, 교사 및 치료사를 위한 특별한 선물이다.

💜 트레베카 오크홀름(Trevecca Okholm)
『천국 가족: 결혼과 가족을 향한 하나님 계획 재구상』
(Kingdom Family: Re-Envisioning God's Plan for Marriage and Family)의 저자

이 책은 어떤 종교를 믿건 어떤 상황에 놓여 있건 상관없이 어린이 사역을 하는 사람이라면 반드시 읽어야 한다. 어린이 사역을 하는 사람뿐만 아니라 부모에게도, 목회자뿐만 아니라 건강한 정서적 환경에서 아동 관련 일을 하는 전문가에게도 의미 있는 책이다.

💜 에반 하워드(Evan Howard)
풀러신학교 기독교 영성 교수, 『성경적 기도』(Praying the Scriptures) 저자

이 책은 어린이의 다음 세대 친구에게 주는 선물이다. 우리는 오랫동안 어린이의 영적인 삶에 귀를 기울일 필요가 있었고 레이시는 바로 우리에게 그 방법을 가르쳐 주었다. 『어린이와 영적 대화』에서 레이시는 우리가 어린이와 함께 있는 법을 배우는 데 도움이 되는 그녀의 비법을 공유한다. 잘 선별된 이야기들로 구성된 이 책은 평범한 어린이들에게 임한 예수님의 임재를 생각나게 한다. 그러나 이 책은 또한 어린이 사역에 대한 새로운 세계관, 어린이 자신의 하나님과의 대면을 다루는 소개서이기도 하다.

🦋 미미 라슨(Mimi Larson)
휘튼대학(Wheaton College) 기독교 형성과 목회 객원 조교수

이 책에서 보르고는 우리가 어린이와 관계를 맺을 수 있는 다양한 방법에 눈을 뜨게 해 주며, 어린이와 그들의 발달에 필요한 것에 대한 이해를 바탕으로 하나님과의 영적 관계에 어린이가 참여하게 하는 데 활용할 수 있는 다양한 도구와 자원을 제공한다. 그녀는 또한 우리가 어린이와 함께 일할 때 우리의 자세, 즉 경청하고 격려하고 받는 자세를 일깨워 준다.

🦋 캐롤린 아렌드즈(Carolyn Arends)
레코딩 아티스트, 작가, 레노바레 교육 이사

레이시를 알게 된 나는 『어린이와 영적 대화』를 읽으면 어린이와 상호 작용하는 방식이 영원히 바뀌겠다고 생각했고 실제로 그렇게 되었다. 그러나 내가 예상하지 못한 것은 이 책이 여전히 내 안에 사는 어린이에게 깊은 영향력을 끼쳐서 내가 이전에 놓쳤던 어린 시절 하나님의 움직임을 인식하기 시작하도록 도왔다는 점이다. 당신에게 자녀가 있거나 당신이 자녀였던 적이 있다면, 이 책은 많은 것을 제공할 것이다.

💖 조나단 베일리(Jonathan R. Bailey)
드웰(Dwell) 공동 창립자이자 레노바레 이사장

아이의 영성 형성을 위해 누가 분투할 것인가. 어린 영혼을 어떻게 보살펴야 하는지 누가 우리에게 보여 줄 것인가. 우리가 소중하게 여기는 사람들을 위해 선동자가 아닌 증인이 되도록 누가 도와줄 수 있는가. 바로 레이시 핀 보르고이다. 그녀는 어린이가 예수님께 오는 것을 막지 말고 데려오라는 옛 교훈을 아는 사람이다.

💖 잰 존슨(Jan Johnson)
영성 지도자, 『성경의 하나님과의 만남』(*Meeting God in Bible*) 저자

이 책을 읽으면 수석 교사로부터 필요한 모든 것, 즉 아동 발달 통찰력의 기초, 어린이와의 관계에 적절한 거리 수준에 관한 흥미로운 기술, 축어적 세션, 뜨거운 쟁점 해결에 필요한 아이디어를 얻을 수 있다. 또한, 부모와 조부모, 숙모, 삼촌에게도 이 책은 탁월하다.

어린이와 영적 대화

하나님의 말씀에 함께 귀 기울이기

Spiritual Conversations with Children: Listening to God Together
Written by Lacy Finn Borgo
Translated by SeongGuk Jeong

This book was first published in the United States
by InterVarsity Press,
PO Box 1400., Downers Grove, IL 60515.
with the title *Spiritual Conversations with Children: Listening to God Together*,
copyright © 2020 by Lacy Finn Borgo.
Translated by permission.
All rights reserved.

Korean Edition Copyright © 2023 by Christian Literature Center, Seoul, Korea.

어린이와 영적 대화
하나님의 말씀에 함께 귀 기울이기

2023년 1월 25일 초판 발행

지 은 이 | 레이시 핀 보르고
옮 긴 이 | 정성국

편   집 | 한명복
디 자 인 | 서민정
펴 낸 곳 | (사)기독교문서선교회
등   록 | 제16-25호(1980.1.18.)
주   소 | 서울특별시 동대문구 천호대로71길 39
전   화 | 02-586-8761~3(본사) 031-942-8761(영업부)
팩   스 | 02-523-0131(본사) 031-942-8763(영업부)
이 메 일 | clckor@gmail.com
홈페이지 | www.clcbook.com
송금계좌 | 기업은행 073-000308-04-020 (사)기독교문서선교회
일련번호 | 2023-8

ISBN 978-89-341-2526-6 (93230)

이 한국어판 저작권은 InterVarsity Press와(과) 독점 계약한 (사)기독교문서선교회가 소유합
니다. 신저작권법에 의하여 한국 내에서 보호를 받는 저작물이므로 무단 전재와 무단 복제를
금합니다.

어린이와 영적 대화

하나님의 말씀에 함께 귀 기울이기

레이시 핀 보르고 지음
정성국 옮김

CLC

차례

추천사 크리스 홀(Chris Hall) | 레노바레 회장 외 11인   1
역자 서문   12

머리말 크리스토퍼(Christopher)에게서 배우기   13
제1장 예수님에게서 배우기   20
제2장 어린이의 영성 형성   34
제3장 자세, 힘 그리고 패턴   52
제4장 눈과 귀   78
제5장 놀이와 투영의 언어   100
제6장 성령님께 주목하기   122
제7장 전인격적 기도   134
제8장 탐험에 나선 두 친구   165
결론 미스터리   181
감사의 말   186

부록 1 어린이용 시편 23편   188
부록 2 미로를 걷는 데 필요한 세 가지 기도 안내   190
부록 3 몸으로 하는 어린이용 주기도문   194
부록 4 거룩한 경청에 대한 정보 및 허가 양식   196

참고 문헌   200

헤이븐 하우스에 있는
어린이들을 위하여

역자 서문

정성국 박사
횃불재단 TEDS KDMIN 프로그램 담당

우리는 모두 태어나서 유아기와 어린이 시절을 경험한다. 백발의 노인이라고 해도 아주 오래전 어린이였다. 하지만 망각의 동물인 인간은 세월이 흐르자 과거 어린 시절의 기억을 잊어버린다. 그리고 어른의 생각으로 어른의 잣대로 어른의 관념으로 어린이를 해석하고 대하고 관계를 맺으려고 한다.

이 책은 어른의 이러한 자세와 관습에 의문을 제기한다. 어린이는 분명 어른이 잘 인도하여 아름답게 성장하도록 보살펴야 할 존재이지만, 때로는 어른의 스승이 되기도 한다. 어른은 어린이의 말을 경청하고 격려하는 자세가 필요하다. 이를 위해 저자는 어른이 어린이와 어떻게 관계를 맺어야 하는지 설명한다. 어린이의 성장에 관한 다양한 심리학적, 성경적 방법과 도구와 자원을 소개하여 어린이가 하나님과 어떻게 영적 관계를 맺는지 설명한다.

그러나 이 책은 단지 이론적인 틀에서만 멈추지 않는다. 저자는 자신의 환경에서 체험한 것을 놓치지 않고, 탁월한 통찰력으로 관찰하여 어린이의 마음과 그들의 세계에 어떻게 들어가야 하는지 서술한다.

크리스토퍼(Christopher)에게서 배우기

> 현실은 당신이 틀렸을 때 마주치는 것이다
>
> - 달라스 윌라드(Dallas Willard) -

　교육학 석사 학위 소지자인 나는 뉴욕주교사연합(New York State Teacher's Union)에서 교육 워크숍을 주도한 경험이 풍부했기에, 아이들의 성장과 발달에 대한 나의 확고한 지식에 의문을 제기할 이유가 없었다. 나는 덜 익은 벼와 같은 마음으로 어린아이에 대해 알아야 할 모든 것을 전부 안다고 착각했다. 내가 담당하는 4학년 교실에 크리스토퍼가 나타난 이후에 현실을 깨달았다.[1] 이는 나의 착각을 깨닫게 하는 하나님의 은혜였다. 학기가 시작한 지 2주밖에 안 되었다. 그는 학교에 적응하지 못해 이미 이곳저곳으로 옮겨 다니다가 정학을 당했었다. 나는 3학년과 4학년을 같이 담당한 교사로서 그를 내 반에 맞이했다. 한 번만 더 말썽을 피우면 그는 행동 장애가 있는 어

---

[1] 어린이의 이름과 자세한 이야기는 그들의 사생활을 존중하기 위해 변화를 주었다.

린이를 위한 대체 학교로 전학 갈 처지에 있었다.

크리스토퍼는 학교에서 살아남기 위해 어떤 짓을 해야 할지 잘 아는 영특한 아이였다. 내 교실에서도 상황은 다르지 않았다. 첫 주에 그는 수학 시험을 안 보기 위해 2층 창문에서 뛰어 내려 비상 탈출구를 통해 빠져나갔다. 이상하게도, 크리스토퍼가 학교 식당에 올 수 없게 되었을 때, 그와 나 모두 쉴 수 있었다. 그의 파괴적인 행동은 800명의 어린이에게 점심을 제공하는 데 있어 엄청난 골칫거리였다. 점심을 제공하는 직원은 크리스토퍼가 식당에 오지 못하게 할 수밖에 없었다.

나는 현실에 부딪혔다. 더 써먹을 지식이 없었고 학교도 더 그를 봐줄 수 있는 형편이 아니었다. 처음에는 단순히 장소의 문제였다. 그는 구내식당에서 먹을 수 없어서, 그냥 교실에서 나와 같이 점심을 먹었다. 점심시간이 내가 쉴 수 있는 유일한 시간이었기에, 그 시간에 그를 가르치거나 강의하거나 심지어 바꾸고 싶은 생각이 추호도 없었다. 이런 상태로 7개월간 같이 점심을 먹으러 지내자 나는 호기심이 생기기 시작했다.

크리스토퍼는 점심을 먹는 내내 재잘거렸다. 그는 자기 일상에 대해 회상하거나 자기 가족에 관한 이야기를 들려주었다. 때때로, 그는 어머니가 떠났을 때 어떤 기분이었는지, 왜 죽음이 그렇게 무서운지 그리고 벨(Mr. Bell) 교감 선생님의 극심한 친절과 같은, 삶의 깊은 것들을 끄집어냈다. 나는 크리스토퍼 영혼 내부에서 도대체 무슨 일이 일어나고 있는지 의아해하기 시작했다. 크리스토퍼는 미래에 대한 희망, 그리고 인간이 선하다는 희망을 놀라울 정도로 갖고 있었다. 그에게는 내가 정의하거나 이해할 수 없는 수수께끼가 있었다.

그리스도의 제자인 나는 하나님이 엉망진창인 크리스토퍼의 삶을 어떻게 이끌지 의아했다. 공립학교에서는 수업 시간에 종교적인 대화를 할 수 없기에, 나는 크리스토퍼에게 하나님에 관해서보다는 선한 것에 관해 물어보기 시작했다.

그에게 있어서 선함이란 무엇인지?
좋은 일이 언제 일어났는 지?
어떻게 좋은 일을 경험했는지?

그 당시 나는 선, 진실, 아름다움이라는 세 가지 위대한 초월적 개념에 관해 거의 알지 못했다. 그러나 나는 하나님이 선하시고, 선함이 있는 곳에 하나님도 계신다는 것을 알았다.

나의 호기심에 영감을 받아서인지, 크리스토퍼는 자기 내면세계를 펼쳐 주었다. 그의 내면에 펼쳐진 세계에서는 겉으로 드러난 그의 행동보다 더 많은 것이 있었고, 학교 상담원이 추론할 수 있는 것보다 더 많은 일이 일어나고 있었다. 점심시간에 나는 그에게 아무것도 가르치지 않았다. 사실 나는 그에게 몇 가지 질문을 하는 것 외에는 거의 말하지 않았다. 크리스토퍼는 4학년은 물론 심지어 5학년까지 성공적으로 마칠 수 있었다. 그는 중학교에 갔지만 때때로 내 교실로 돌아오곤 했다. 그래서 수업이 끝난 후에 나와 대화하며 같이 노는 것을 좋아했다.[2]

---

[2] 이 장의 처음 여섯 개 단락은 Lacy Finn Borgo, "Children's Spirituality: God Makes

크리스토퍼가 듣는 방법을 가르쳐 주었다. 그와 함께한 시간을 시작으로 거의 30년 동안 아이들의 영적인 삶을 이해하기 위해 탐구했다. 이 여정은 새로운 통찰력, 신선한 이해, 깊은 공감을 하게 했고, 가장 놀랍게도 어린 시절에 받았던 상처를 치유할 수 있게 해 주었다. 내가 발견한 보물을 당신도 발견하기를 바란다. 이 책은 어린이들과 나누는 영적 대화에 관해 박사 논문 연구와 경험을 통해 배운 것을 전달한다. 나는 2014년에 헤이븐 하우스(Haven House)에서 아이들과 함께 하나님의 말씀을 듣기 시작했다. 헤이븐 하우스는 노숙자 가족을 위한 임시 쉼터다. 그것은 노숙자 가정을 위한 기숙사 형태의 생활관인데, 이들이 완전히 독립하게 돕는 2년짜리 프로그램을 포함한다.

나는 아이들의 영적 동반자로서 일대일로 아이들을 만난다. 우리는 그것을 "거룩한 경청"(holy listening)이라고 부르는데, 이 문구는 영적 방향에 관해 쓴 마거릿 구엔터(Margaret Guenther)의 책에서 발췌한 것이다.

이 책에서 우리는 아이들과의 영적 대화가 어떻게 하나님과의 관계를 돕는지 탐구할 것이다. 우리는 이런 대화의 독특한 면뿐만 아니라 어떻게 이런 대화를 하는지 배울 것이다. 우리는 예수님에게서 배우는 것으로 시작할 것이다. 예수님은 아이들을 대접하고 환영하는 자세를 취하셨다. 하나님과 동행하는 어린이의 삶에서 갈망, 소속감, 관계의 역할을 밝혀낼 것이다.

■ the First Move," *Renovaré*의 기사와 겹친다. Https://renovare.org/articles/childrens-spirituality-god-makes-the-first-move. 2019년 7월 1일 접속.

우리는 영적 성장의 길잡이로 어린이와 함께 영성 형성에 뛰어들면서, 아이들의 영성 형성에 대한 4가지 요소와 어린이 및 어린이와 동행하기를 갈망하는 어른들에게 미치는 영향에 대해 깊이 생각할 것이다. '자세'(Posture), '힘'(Power), '패턴'(Pattern)의 세 가지 P를 살펴보고, 각각 어린이와 영적 대화를 어떻게 형성하는지 살펴볼 것이다. 우리는 어른과 어린이 사이의 자연적 힘의 역동성과 예수님이 어떻게 자기 몸을 사용하여 어린이에게 힘을 주고 그들을 존중했는지 알아볼 것이다.

우리의 타고난 성향은 아이들에게 말하고 가르치려 한다. 그러나 이런 우리의 성향을 절제할 때, 우리는 우리의 눈과 귀를 열어 아이들의 말에 경청하는 법을 배울 수 있다. 그리고 더 나아가, 우리가 어린이의 말에 경청할 때 그들이 하나님의 초대에 응답할 수 있게 도울 수 있다. 우리는 어떻게 놀이(play)와 투영(projection)이 어린이가 하나님을 경험하게 돕고 그 경험과 관련하여 그들 삶을 반영하는지 어린이에게서 배울 것이다. 우리는 놀이와 투영에 더 능숙해짐에 따라, 어떻게 어린이가 자기 삶에서 성령의 인도하심을 인식하게 도울 수 있는지, 그리고 그들의 타고난 성향을 반영한 독특한 방식으로 이 인도하심에 응답하게 도울 수 있는지 배울 것이다.

마지막으로, 우리는 수수께끼로 만족할 것이다. 인간이 신적 사랑과 관계 맺는 방식은, 사랑하며 사는 것이지 분석하는 것이 아니다. 이 관계가 어떻게 유지되는지에 대하여 우리는 기껏해야 어렴풋이 이해할 뿐이다. 최악의 경우 기계화된 감옥으로 우리는 이해할 것이다. 하나님과 같이 여행하는 어린이와 동행할 때, 우리는 단지 부분적으로 그들과 동행할 뿐이다. 우리는 이 값진 진주를 보고 그 아름다움에 놀라움을 금치 못한다.

어린이의 말에 경청하는 어른이 되는 법을 배우면 계속해서 유익을 볼 것이다. 하나님과 맨 처음 만나서 경험한 것을 듣고 인식하고 격려하는 동반자, 그들의 말에 귀를 기울이는 동반자가 어린이에게 있을 때, 하나님, 다른 사람 그리고 자신과 소통하는 방식을 형성할 영적 발자국을 그들에게 제공한다. 어린이와 영적 대화는 아이의 삶에 탄력을 준다. 내면의 삶에 귀를 기울이고 신적 공동체에서의 삶에 대해 방향을 잡는 어린이는 그들의 인생에 필연적 폭풍이 닥칠 때 그들을 인도할 수 있는 내면의 정확한 나침반이 있다.

부모는 어쩔 수 없이 자녀의 말을 들으며 같이 인생을 사는 동반자이고 자녀는 하나님과 함께 갈 때 그들의 말에 귀를 기울이고 격려하는 어른이 부모 외에도 더 필요하다. 어린이가 하나님과 동행하는 삶을 사는 데 있어 공동체가 부족할 때 영적 빈혈을 겪는다. 당신은 어린이의 말에 경청함으로 그들의 영적 삶을 지원하는 어른이 될 수 있다.

어린이와 영적 대화는 어린이의 말을 경청하는 어른에게도 도움이 된다. 우리가 완전히 자신을 드러내 놓고 다른 사람에게 마음의 문을 열 때 우리는 변화할 것이다. 우리 자신의 어린 시절을 하나님께 내어 드릴 수 있을 것이다. 성령은 묵은 상처를 치료하고 오랫동안 묻혀 있던 재능을 포옹할 것이다.

참으로, 당신이 어린이와 같이 하나님의 말씀을 경청하면, 아이는 하나님이 당신을 사랑하고 받아들인다는 것을 완전히 경험하도록 인도할 것이다.

당신이 부모나 조부모라면 이 책은 당신에게 유용할 것이다. 하나님과 동행하는 어린이의 여행에 귀를 기울일 때, 우리는 그들에게 신성한 선물을 주게 된다. 가족은 우리가 지금까지 살게 될 사회적 맥락 중에서 가장 깊이 형성된 것이다. 만약 당신이 어린이의 목사, 친구 또는 교사라면, 이 책은 당신에게 유익을 줄 것이다. 어린이가 하나님과 함께하는 삶에 당신이 동반한다면, 당신은 교실, 교회 그리고 세상을 형성할 잠재력을 갖게 된다.

당신이 영적 지도자라면 이 책은 당신에게 유익을 줄 것이다. 이 책을 통해, 여러분이 어린이의 말에 귀를 기울이고 용기를 얻기를 희망한다. 하나님이 사랑하는 어린이는 현재와 미래에 존재한다. 그들에게 투자함으로 하나님의 은혜가 그들에게 어떻게 전개되는지 목격하자.

예수님에게서 배우기

> 어린아이들이 내게 오는 것을 용납하고 금하지 말라 하나님의 나라가 이런 자의 것이니라 내가 진실로 너희에게 이르노니 누구든지 하나님의 나라를 어린아이와 같이 받아들이지 않는 자는 결단코 거기 들어가지 못하리라 하시니라(눅 18:16-17).

1. 예수님

나는 콜로라도주 서부의 작은 주말 농장에 산다. 우리는 말, 닭, 개, 고양이, 염소를 키운다. 나는 12년 동안 염소와 함께 지내면서 몇 가지를 배웠다. 예를 들어, 울타리에 물이 없으면 염소도 없다는 것이다. 나는 말, 개, 염소가 인간의 신체 언어를 읽을 수 있고, 배를 채우기 위해 이 초능력을 사용한다는 것을 배웠다.

염소의 삶을 몇 년 체험한 후에, 나는 또한 어미 염소가 출산할 때, 미리 준비한다는 것을 배웠다. 나도 아이가 있는 엄마다. 어미 염소와 나 사이에는 유사점이 있다. 어미 염소는 둥지를 만들듯이 땅을

밟을 것이다. 어미 염소는 자신의 배를 나무에 문질러서 아이를 좋은 위치로 옮긴다. 또한, 스트레칭을 하고, 우스꽝스러운 염소 요가를 하며, 다운워드 도그(downward dog)를 하여 고양이 자세를 취한다. 그래서 새끼를 산도 근처로 옮긴다. 약 10년 전 어느 봄날, 나는 어미 염소가 또 하나의 놀라운 행위를 한다는 것을 알았다.

그 당시 나는 하나님과 동행하는 과정에 많은 의문을 품었다. 하나님이 진정으로 인간을 사랑하시는지 의아했다. 내 내면에 여러 가지 의문이 돌고 돌았다.

하나님이 정말로 우리를 원하셨던가?
하나님과 인간의 관계가 사랑과 열정으로 되어 있는가?
아니면 의무와 고된 노동에 가까운가?

나의 불안정한 추론은 다음과 같았다. 하나님이 우리를 창조하셨지만 결국 우리는 엉망이 되어, 하나님은 자신의 무결성으로 우리를 다루어야 했다. 하지만 솔직히 말해서, 하나님은 우리를 원치 않았다. 그는 지구를 완전히 파괴하여 인간과의 관계를 끝내기를 원했다.

이런 대화를 하는 가운데 봄이 왔고, 나는 출산을 앞둔 어미 염소와 함께 조그마한 헛간 밖에 나와 있었다. 며칠 동안 어미 염소는 땅을 긁으며, 흙과 건초를 동그랗게 쌓아서 둥지를 만들고 있었다. 어미 염소는 몸을 나무에 문질러서 새끼를 산도로 밀어 넣고 있었다. 추운 봄 어느 날 밤에 염소와 나, 단둘만 있었다. 이제 때가 되었음을 알았다. 많은 징후가 있었다. 하늘은 수정처럼 맑았다. 염소와 나의 숨결을 느낄 수 있었다. 빛이라고는 내가 착용했던 전조등에서 나온 조명이 유일했다. 염소가 못마땅한 눈길을 보내자, 나는 그것을 껐다.

염소가 그렇게 살벌한 눈빛을 보낼 줄 누가 상상할 수 있으랴?

아기가 태어나기 약 20분 전에 한 가지 일을 하기 시작했는데, 이 일은 내가 하나님의 사랑과 열정을 이해하는 방식을 영원히 바꿀 만한 것이었다. 어미 염소가 소리를 내었는데, 이는 흥얼거리는 것 같기도 하고 노래를 부르는 것 같기도 했다. 입술을 다문 채로 "매"하고 부드럽게 소리 냈다. 고통스러워서 울부짖는 울음이 아니라 부드럽고 달래는 듯한 소리였다. 어미 염소는 자궁을 수축하고 새끼를 밀어내는 동작을 하는 내내 이 "노래"를 계속 불렀다. 마침내 새끼가 태어났을 때, 어미는 새로운 생명체에 자기 코와 입을 대고 비벼댔다. 어미는 새끼가 소리를 낼 때까지 계속해서 몸에 묻은 액체를 혀로 깨끗하게 핥으며 노래를 불렀다.

그 후 몇 시간 동안 나는 페인트 통 위에 앉아 있었다. 다리가 무감각해질 무렵, 어미와 새끼는 서로를 향해 아주 부드러운 노래를 불렀다. 이런 식으로 어미는 새끼가 자기 것이라는 표시를 하자, 새끼는 어미의 목소리를 알아차리고 노래로 응답했다. 노래를 매개체로 하여 서로 연결되었다. 노래를 통해 어떤 안전감 같은 것을 느꼈다. 하나님은 그 순간을 사용하여 치유와 진리에 관한 내 질문에 깊은 가르침을 주셨다. 우리의 대화는 엄청난 변화를 가져왔다.

2. 관계에 대한 열망

발달 심리학자들은 모든 인간이 세상에서 관계를 찾고 도달하며 갈망한다고 말한다. 그들은 아이가 어머니의 자궁 안에서도 어머니의 목소리, 어머니의 냄새, 어머니의 심장 박동과 연결되어 있다고 말한다. 태어난 후에는 관계를 맺기 위해 부모의 눈을 찾는다. 부모가 웃을 때 아이도 웃는다. 부모는 아이를 보고 좋아서 웃지만, 아이의 첫 미소는 그렇지 않다. 아이는 기쁘거나 행복하지 않다. 그들은 단지 부모와 관계를 맺기 위해서 부모를 따라서 웃을 뿐이다.[1]

관계를 맺으려는 이 강렬한 욕망은 육체적 생존을 위한 시도이지만 동시에 심리적, 영적 생존이기도 하다. 두 살이 될 때까지, 보호자와 관계를 맺지 못한 아동은 반응성 애착 장애라는 증상이 나타날 가능성이 높다. 이는 관계를 맺고 싶은 욕망이 있지만 그렇게 할 수 없는 사람이 겪는 심각하고도 끔찍한 고통이다.

관계를 맺고자 하는 갈망은 모든 사람에게 있다. 우리의 첫 호흡부터 이 갈망은 우리를 지배한다. 기억에 남는 나의 첫 갈망의 예는 내 딸이 태어났을 때였다. 남편이 팔을 뻗어 아기를 안자 아기는 아빠의 손가락을 움켜잡았다. 이것은 손바닥 움켜잡기 반사(Palmer Grasp reflex)다. 관계 맺는 것에 대한 강렬한 갈망은 우리의 반사 작용에 연결되어 있다.

---

1   이 부분의 많은 것을 Lacy Finn Borgo, "Help Along the Way: Let's Talk About Talking", *Good Dirt Ministries* (blog), May 3, 2018, www.gooddirtministries.org/blog/2018/5/3/help-along-the-way-lets-talk-about-talking에서 가져왔다.

하지만 인간은 갈망에 얽매일 뿐만 아니라 갈망에서 창조되었다. 창조주 하나님은 우리가 존재하도록 갈망하셨다.

> 내가 너를 모태에 짓기 전에 너를 알았고(렘 1:5).

시편 기자는 말한다.

> 주께서 내 내장을 지으시며 나의 모태에서 나를 만드셨나이다(시 139:13).

그리고 사도 바울은 하나님이 "곧 창세 전에 그리스도 안에서 우리를" 택했다고 설명한다(엡 1:4).

모든 사람은 선택되었다. 아무것도 필요 없는 완전한 하나님, 창조 전에 이미 온전한 기쁨을 누린 하나님은 당신을 갈망하셨다. 우리 인간은 종종 빈곤하기에 갈망하지만, 온전하고 거룩하신 하나님은 풍요와 기쁨 가운데서 갈망한다. 마태복음 18:10-14에 나오는 잃어버린 양의 비유는 갈망에 관한 것이다. 자기 양을 너무 갈망한 나머지 아흔아홉 마리의 양을 남겨 두고 잃어버린 양 한 마리를 찾아 떠나는 목자가 나온다. 하나님은 당신이 태어나기도 전에 당신을 갈망했고 당신과 관계 맺기를 원했다. 하나님은 당신이 아는 모든 어린이가 존재하기를 갈망했다.

우리는 또한 하나님을 갈망한다. 보호자와 관계를 맺기를 원하는 것처럼, 우리는 하나님과의 관계를 갈망한다. 컬럼비아대학교의 심리학 교수이자 교육학 교수인 리사 밀러(Lisa Miller)는 말한다.

> 생물학적으로 우리는 영적 관계를 갈망한다. 영적 성장은 태어날 때부터 우리 인간 종족이 갖는 생물학적이고 심리학적인 명령이다.[2]

이것은 우리 몸과 정신과 마음이 요동하게 하여 하나님과 연결하게 한다.

관계에 대한 인간의 갈망을 마가복음 10:13-16에서 엿볼 수 있다.

> 사람들이 예수께서 만져 주심을 바라고 어린아이들을 데리고 오매 제자들이 꾸짖거늘 예수께서 보시고 노하시어 이르시되 어린아이들이 내게 오는 것을 용납하고 금하지 말라 하나님의 나라가 이런 자의 것이니라 내가 진실로 너희에게 이르노니 누구든지 하나님의 나라를 어린아이와 같이 받들지 않는 자는 결단코 그 곳에 들어가지 못하리라 하시고 그 어린아이들을 안고 그들 위에 안수하시고 축복하시니라(막 10:13-16).

이 구절에서 예수님이 맨 처음 말씀하신 단어('용납하고'[let])를 주목하라. '용납하고'는 이미 진행되고 있음을 의미한다. 어린이들은 이미 오고 있었다. 이는 연결되기를 원하는 것은 그들의 자연스러운 성향을 시사한다. 하나님은 어린이를 지금까지 갈망했고, 지금도 갈망하며, 앞으로도 갈망할 것이다. 더 나아가 어린이도 하나님에게 돌아온다. 이런 움직임은 이미 시작했다.

---

2   Lisa Miller, *The Spiritual Child: The New Science on Parenting for Health and Lifelong Thriving* (New York: Picador, 2015), 3, Kindle.

긍정적인 말 이후에 부정적인 말로 이어진다. 예수님이 말씀한다.

> 금하지 말라.

이 말씀은 과거와 현재를 통틀어 어린이와 청소년 사역에 경각심을 일으킨다. 교회는 어린이가 그리스도의 제자가 되게 하기 위해 가르쳤다. 이는 좋은 것이었다. 그러나 교회는 어린이를 완전한 인격체로 인식하는 데 종종 실패했고, 하나님이 그들을 있는 그대로 만나 주신다는 것도 인식하지 못했다.

어른이 어린이와 하나님에 관한 잘못된 사고방식에 빠질 때, 단순히 아기 돌보기나 그들을 기쁘게 하는 데에 집중하려고 한다. 더욱 나쁜 것은 수치심과 두려움을 이용하여 그들을 조종하려는 것이다. 예수님은 어른보다도 어린이에게 더 묻는 것 같다. 예수님은 어른이 어린이에게 힘을 실어 주고 그들을 방해하지 말라고 하는 것 같다. 그는 어린이를 직접 만난다.

3. 끊어진 관계

나는 유타주(Utah)의 라살산맥(La Sal Mountains)에서 하나님과 처음으로 대면했다. 나는 가족과 함께 당시 우리가 살았던 작은 마을인 모압(Moab)에서 수목이 있는 곳으로 차를 몰고 올라갔다. 이는 다가오는 겨울 동안 사용할 장작을 마련하기 위해서였다. 어른들이 일을 시작하자, 나는 사시나무 숲에서 돌아다녔다. 가을에 사시나무를 본 적이 없다면, 가느다란 비단 줄에 매달려 햇빛에 반짝이는 금화를 상상하면 된다.

사시나무는 숲에서 자란다. 사시나무는 검은색 토양의 풍요로움 속에서, 뿌리가 서로 연결되어 서로 생명을 준다. 그들은 서로 가까이에 살고, 각각 하나의 나무이지만 동시에 공동체이기도 하다. 그들은 자신의 건강과 질병을 공유한다. 그리고 이 특별한 날에 그들은 나에게 초대장을 보내는 것 같았다. 나는 겨우 다섯 살이었지만, 수년간의 건강한 분해 주기로 인해 아침 이슬로 축축하고 질퍽한 땅의 해면질을 아직도 기억할 수 있다. 나는 사시나무가 있는 곳으로 나아갔다.

갑자기 나는 경외심과 영광을 감지했다. 그곳은 너무 사랑스럽고 매력적이었다. 나는 그곳으로 나도 모르게 끌려가는 듯했다. 나는 이것들의 실체를 알기 원했기에, 사시나무 한가운데서 등을 대고 누웠다. 태양의 강렬한 빛 때문에 실눈을 뜨면서 그 작은 동전들을 바라보았다. 이는 마치 땅이 숨을 쉬는 것 같았고, 나는 그것과 함께 숨을 쉬었다. 형언할 수 없는 달콤함으로 가득 찬 느리고 깊은 숨결을 느꼈다. 그날 내 안에서 오랫동안 알려진 실체가 실현되기 시작했다. 나는 내가 혼자가 아니라는 사실을 점차 이해했다. 나는 이것을 어떻게 알았는지 설명할 수 없었고 그때는 그 앎을 명백히 표현할 수 없었지만, 나는 혼자가 아니었고, 혼자였던 적도 없었으며, 나와 함께 있는 존재가 무엇이든 누구이든 나를 사랑했음을 뚜렷이 기억한다.

6년 후 내 인생은 많이 달라졌다. 나의 대가족이 텍사스로 이주하고 매일 같은 삶을 반복하자 이 특별한 경험은 뇌리에서 사라졌다.

나는 기독교 학교에 다녔는데, 그곳에서 나는 수학, 과학, 철자법, 독서 등 여러 종류의 얇은 책자로 둘러싸인 고립된 작은 책상에 앉아 있었다. 외로움이 나를 삼켰다. 지적 추구는 내 영혼을 치료하지 못했다. 모든 학생은 성경을 들고 다녀야 했고, 매달 지정된 성경 구절을 외워야 했다. 그것들은 대부분 달라스 윌라드(Dallas Willard)가 "죄 관리"(sin management)라고 부르는 것에 관한 구절이었다.

힘들고 단조로운 일 가운데, 성령은 나를 복음으로 부드럽게 인도했고, 나는 사시나무 숲에서 나와 같이 있었던 그분이 누구인지 발견했다. 예수님의 어떤 이야기가 내 마음을 먼저 사로잡았는지 기억이 나지 않는다. 내가 기억하는 것은 나는 이 사람 예수님과 함께하고 싶은 소망이 끊임없이 흘러나왔다는 것이다. 나는 그를 사랑하게 되었다. 그의 삶은 내 생각에 활기를 불어넣었고, 그가 죽었을 때 내 마음은 무너졌으며, 그가 부활했을 때 소망의 원천이 생겼다. 나는 다른 일을 하지 않았다. 나는 예수님에 관해 읽고 이야기하며 심지어 그에 관한 짧은 설교문을 쓰는 것 외에는 아무것도 하고 싶지 않았다.

내 작은 책상이라는 우주에는 성경책이 있었고, 그곳은 안전하고 생명으로 가득 차 있었다. 너그러운 복음은 이 우주의 생명선이었다. 내 세상과는 완전히 대조적이었다. 학교와 교회의 암묵적 신학은 모든 인간이 죄로 인해 부서지고 하나님께 용서를 구할 때까지 그리고 죄를 고백하기 전까지 하나님으로부터 고립되어 있다는 것이었다. 확실히 이것은 많은 어른에게 생생한 실체이었지만, 하나님은 내 폐의 숨결만큼 가까웠고 나는 이미 그를 사랑하게 되었다.

어른이 되자 나는 왜 그렇게 되었는지 이해할 수 있고, 결과를 통제해야 하는 강력한 필요에 공감할 수 있다. 신학이 희소성에 뿌리를 두고, 논리적 결론이 어린이가 단테의 영원한 지옥의 불에 타 버릴 것이라는 두려움을 불러일으킨다면, 사랑의 관계에 얽매일 시간이 없다. 어린이는 어떻게든지 '구원'받아야 한다. 그리고 바로 그것이 일어났다. 어린이가 교회에 나오고 기도하도록 설득하기 위해 조작적이고 강압적인 수단이 사용되었다. 이것은 임박한 파괴에서 우리를 구원하리라고 확신했다. 어렸던 나는, 만약 내가 따르지 않으면 다시 혼자가 되리라고 생각했다. 내가 사랑하게 된 예수님이 내 가족을 찢으리라 생각했다. 불신의 씨앗이 내 마음에 뿌려졌다.

예수님은 분명히 이것을 의미했다. 예수님이 말씀했다.

> 어린아이들이 내게 오는 것을 용납하고 금하지 말라.

두려움을 이용하여 결과를 조작할 때, 일을 망칠 것이다. 위험은 수동적이 아닌 적극적으로 움직인다. 예수님은 어른이 통제하려는 성향이 있다는 것을 잘 아셨다. 심지어 이 구절에서도 예수님의 제자들은 상황을 통제하기 위해 "꾸짖었다." 예수님은 이들의 이런 행동을 간과하지 않으셨다. 그는 분개하여 어른들에게 물러나라고 명령하신다.

4. 하나님에 대한 갈망

예수님은 어린이를 어떻게 이해하셨는가?

그들은 이미 하나님과 관계를 맺었다는 것을 아셨다. 행동하게 하는 데 있어 강요는 단기적이고 매우 해로운 해결책임을 아셨다. 모든 사람, 특히 어린이는 하나님을 갈망하는 존재임을 아셨다. 아버지와 직접 만날 때 모든 것이 변할 것임을 아셨다. 그는 어떻게 이 갈망을 활용해야 하는지 아셨다. 그는 어떻게 사람들의 삶에 귀를 기울이는지 아셨다.

나는 헤이븐 하우스(Haven House)에서 말을 들어주는 친구로서 어린이들 곁에 함께 앉아 있으면서 이것을 여러 번 보았다. 우리의 사역은 거룩한 경청이라는 이름으로 불리었는데, 이 사역은 어른이 어린이 곁에 앉아 그들의 이야기를 들어주는 것이었다. 어른과 어린이가 함께 어린이의 삶에 귀를 기울이며, 하나님이 어떻게 역사하셨는지 발견한다. 어느 날 나는 열 살이었던 새디(Sadie)를 만났다.

새디와 그녀의 어머니는 7개월 전에 헤이븐 하우스로 이사했다. 그들에게 헤이븐 하우스에서 살았던 기간이 같은 장소에서 산 가장 긴 기간이었다. 수년 동안 그들은 여러 월마트 주차장에 차를 주차해 놓고, 차 안에서 살았다. 헤이븐 하우스에서 새디는 학교에 다녔고, 규칙적인 식사를 했으며, 그녀 주위에 공동체가 있었다. 하지만 여전히 어려움을 겪었다. 그녀는 다른 주민과 다투었고, 직원들에게 화를 냈으며, 가만히 있지 못했다. 헤이븐 하우스에서 일하는 헌신적인 의료인이 새디가 상담받게 했고, 이는 그녀에게 도움이 되었다.

새디는 또한 거룩한 경청에 참여하고 싶어 했다. 대체로 나는 새디 곁에 앉아서, 그녀의 삶에 관한 이야기, 하지만 별로 일관성 없는 이야기를 들었다. 거룩한 경청에서 우리는 하얀 담요 위에 앉았는데, 이 하얀 담요는 신성한 장소를 의미했다. 새디는 나와 함께 방에 들어갔지만, 담요 밖에 앉았다. 이것은 그녀의 선택이었고, 나는 그녀의 행동을 아무런 저항 없이 존중했다.

몇 주 동안 만난 후, 나는 새디가 '이마고 데이 미니스터리스 리플렉션 카드'(Imago Dei Ministries Reflection Cards)에[3] 어떻게 반응할 수 있을지 궁금했다. 리플렉션 카드는 치료사 케이티 스쿠르자(Katie Skurja)가 고안한 것이다. 카드에는 슈퍼히어로(superheroes), 가상의 만화 캐릭터 및 생각과 감정을 투영하는 개체들의 사진이 들어 있다. 우리는 평상시처럼 진행했다. 그녀는 담요 밖에 앉았고, 나는 은총을 청했다. 나는 리플렉션 카드를 소개하고 새디에게 하나님이 그녀와 함께 있음을 알았던 시간에 대한 이야기를 담은 두 장의 카드를 선택하라고 했다.

새디는 자기 카드를 골라서 얕은 모래통에 집어넣었다. 이 모래통은 기도를 그릴 때 사용했다. 나는 카드를 가리키며 물었다.

"이 이야기를 해 줄 수 있겠니?"

새디는 자신의 이야기를 하면서, "이 이야기는 오늘 일어난 일이 아니라, 한참 지난 것"이라고 알려 주었다. 그녀는 자신을 두려워하게 만든 사건에 관한 이야기를 했다. "하지만 이 이야기가 가장 무서

---

[3] Imago Dei Ministries Reflection Cards는 www.idmin.org/resources에서 확인할 수 있다.

운 이야기는 아니에요"라며 말을 이어갔다.

"가장 무서웠던 것은 아버지와 오빠가 싸움했던 날이었어요."

나는 물었다.

"그 싸움이 있던 시간 하나님은 어디에 계셨니?"

그녀가 말했다.

"아, 하나님은 그때 그곳에 계셨어요. 단지 누구도 하나님의 음성을 듣지 못했을 뿐이죠."

그녀는, 다음 카드를 가리키며, 학교에서 그네 타고 노래했던 이야기를 들려주었다. 하나님이 그녀 곁에 계셔서 어떻게 그네를 밀어주고 함께 노래했는지 설명했다.

그녀가 말했다.

"하나님은 제가 노래 부르는 것을 좋아하세요."

그런 다음 그녀는 사진 주변에 있는 모래에 손가락으로 무언가를 그리는 데 집중했다. 그리고 모래에 있는 블록도 사용할 수 있는지 물었다. 나는 훌륭한 생각이라며 맞장구쳤다.

"이 시간 너의 이야기를 놓고 하나님과 대화하면 좋을 것 같다"라며 나는 제안했다. 그녀는 고개를 끄덕이고 배터리로 작동하는 양초도 모래로 옮길 수 있는지 물었다.

천천히, 그녀는 담요 안으로 들어가서, 그녀의 이야기, 모래 그리고 촛불로 자신만의 기도 콜라주를 만들었다. 아이들이 하나님과 연결되어 있음을 아는 예수님은 손을 내밀어 새디를 자신에게 이끌었다.

곰곰이 생각할 문제

다음은 하나님, 다른 사람 또는 심지어 자신과 대화할 때 사용할 수 있는 주제이다.

- 하나님과의 첫 경험을 깊이 생각하라.
  이런 경험이 오늘날 하나님에 대한 당신의 믿음을 어떻게 형성했는가?

- 부록 1에 있는 시편 23편을 묵상하라.
  무엇이 당신을 감동하게 하는지 주목하라.
  당신의 영혼 속에 울려 퍼지는 것은 무엇인가?
  무엇이 사실로 받아들일 수 없을 만큼 좋은가?

- 어린 시절의 영성에 대해 생각하라.
  그것은 결핍의 신학(theology of scarcity)에 의해 형성되었는가?
  아니면 너그러움의 신학(theology of generosity)에 의해 형성되었는가?

- 삶 속에서 예수님과의 관계를 곰곰이 생각하라.
  시간이 지남에 따라 그 관계는 어떻게 성장하거나 변했는가?

제2장

어린이의 영성 형성

> 어린이는 솔직하다. 인간의 어린 시절은 한없이 솔직하다.
>
> - 칼 라너(Karl Rahner) -

어린이가 하나님을 어떻게 인식하는지 엿볼 수 있는 방법은 단순히 그들에게 하나님에 대한 그림을 그리라고 하면 된다. 보통, 하나님은 남성으로서 대개 하늘에 떠 있는 모습으로 묘사한다. 북미에서 교회에 다닌 어린이는 하나님을 십자가에 달린 백인 예수님과 같은 모습으로 그릴 것이다.

삼위일체적 사랑 공동체로 하나님을 그리는 어린이는 드물다. 영향력을 미치는 많은 교회와 대중문화는, 삼위일체 하나님에 관한 개념이 없다. 공동체와의 연결이 하나님에 대한 우리 갈망의 중심에 있지만, 하나님에 대한 우리의 그림이 하늘에 떠다니는 고독한 영웅의 모습이라면, 우리의 갈망은 충분하지 않다. 그것은 그 흔적을 놓치고, 우리는 사랑의 공동체를 헛되게 한다. 어린이의 영성 형성은 삼위일체 하나님과의 관계를 맺으며 사는 과정이다.

1. 사랑의 삼위일체 공동체

　성부, 성자 그리고 성령 하나님은 사랑의 가족 구성원이고, 어린이는 이 가족의 구성원임을 깨닫는 여행을 하고 있다. 사랑의 가족에 대해 배우고 기대는 것이 아이들과 함께하는 영성 형성의 핵심이다. 삼위일체적 존재로서 하나님의 실재를 인정하고 만나는 것이 어린이의 기독교 영성 형성 신학을 발전시키는 데 있어 중요하다.
　8세 소녀 애니(Annie)가 그린 그림 2.1을 참조하라.
　애니는 "성부와 성자와 성령의" 이름으로 기도하는 교회에서 자랐다. 그녀는 아기 때 이 말을 처음 들었고 이제는 스스로 이 말을 할 수 있다. 이 말과 함께 십자가 표시를 손으로 그린다. 각 소리가 들리고, 각 단어가 들리며, 몸이 움직일 때마다 그녀는 삼위일체의 실체에 참여한다. 애니에게 음악은 하나님에 관해 깊이 말하기 때문에, 하나님에 관한 그림을 그려 달라는 요청을 받을 때마다, 피아노를 함께 연주하는 삼위일체의 세 분을 그렸다. 그녀의 그림에 관해 물었을 때 애니는 "하나님은 화음과 같다. 세 분이 한 분이다"라고 말했다.
　애니는 16세기 기독교 신비주의자인 로욜라의 이그나티우스(Ignatius of Loyola)의 좋은 동반자이다. 그도 삼위일체를 음악의 삼화음으로 생각했다. 애니는 음악이란 "혼자 하는 것"이 아니라고, 모든 사람이 연주하고 노래하며 춤추는 것이라고 설명했다. 하나님에 대한 애니의 그림에는 공동체, 연결 그리고 초대가 있다.

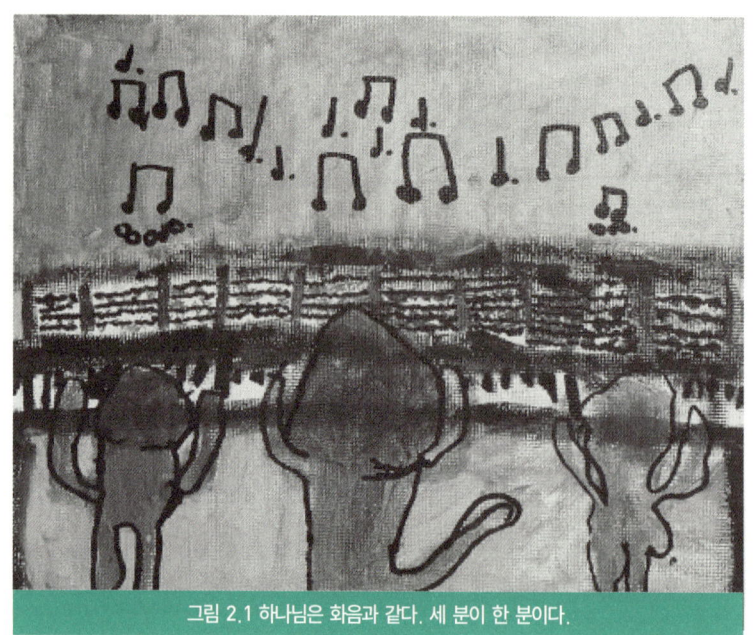

그림 2.1 하나님은 화음과 같다. 세 분이 한 분이다.

    기쁨으로 충만한 음악이 넘쳐 난다. 하나님 공동 존재의 중심에서 나오는 초대 행위에서, 삼위일체 하나님이 창조하신다. 하나님의 형상은 선하기 때문에, 하나님이 창조한 것은 무엇이든지 우주의 모든 선한 것에 대한 잠재력을 구체화한다(창 1:26-27). 잠시 곰곰이 생각하자.

    모든 인간은 우주의 모든 선에 대한 잠재력과 함께 창조되었다. 하나님은 결핍이 아닌 온전함으로 창조하신다. 하나님은 사랑의 공동체이고, 그 공동체가 어린이를 창조했기 때문에 그들에게는 창조주의 표시가 있다.

    그 표시는 '이마고 데이'(*imago Dei*)다. 창세기 1:26에 나오는 형상과 모양의 결합은 '이마고 데이'로 알려져 있다. 그것은 자동 유도 표지(homing beacon)와 같다. 부분적으로 '이마고 데이'는 지금까지 살았던 모든 인간에게 호흡하는 하나님의 숨결이다. 깊은 부르심이다. 어린이가 세상에서 아름다움, 진실 또는 선을 만날 때마다, 이 신호가 울린다. 그것은 어린이가 사랑의 공동체에서 만들어졌고 사랑의 공동체에 속한다는 것을 상기하며 어린이의 영혼에 메아리친다.

한번은 내가 이 개념을 사춘기 소년들에게 전달하려고 허우적거렸다. 그때 그들은 현대적 은유법으로서 이것을 설명했는데, 썩 괜찮았다. "레이시(Lacy), 그것은 마치 당신이 휴대 전화를 잃어버린 것과 같다"라고 한 사람이 설명했다.

"컴퓨터로 휴대 전화의 통신 상태를 점검하면(ping) 휴대 전화가 반응하는 것과 비슷한 건가요?"

바로 그랬다. 그런 것과 비슷하다. 모든 어린이는 하나님과 연결되기를 갈망하고 하나님의 숨결로 활기를 띤다. 그래서 어린이가 선함, 진리, 아름다움을 만나면 아이들의 영혼이 울린다. 그들을 사랑의 공동체로 이끄는 울림이 있다.

2세기 교부 이레나에우스(Irenaeus)의 말은 "하나님의 영광은 완전히 살아 있는 인간이다"라고 의역된다. 하나님의 영광은 어린이가 점점 더 깨닫고 점점 더 살아가는 가운데 드러난다. 사도 요한은 말한다.

> 만물이 그로 말미암아 지은 바 되었으니 지은 것이 하나도 그가 없이는 된 것이 없느니라 그 안에 생명이 있었으니 이 생명은 사람들의 빛이라(요 1:3-4).

패트릭 헨리 리어던(Patrick Henry Reardon)은 설명하기를, 이레나에우스의 인용문은 일반적으로 이해하는 것처럼 자아실현을 위한 논문이 아니라고 했다.¹ 대신 이레나에우스는 세상에서 그리스도에 대한 인식이 증가하는 것과 인간 삶의 질이 일치한다고 주장한다. 모든 인간은 어느 정도 이것을 인식한다. 어린이에게 호흡하는 '이마고 데이'는 그들 곁에 있는 하나님을 인식하라고 그들을 계속해서 부른다.

달라스 윌라드(Dallas Willard)는 설명한다.

> 우리 모두는 하나님의 위대한 우주에서 선을 행하라는 독특한 부름을 받은 불멸의 영적 존재다.²

삼위일체가 사랑으로 작용하고 인식하기 때문에 우리는 이것에 놀라지 않는다. 어린이의 하나님에 대한 경험은 그 사랑의 표현이다. 어린이는 사랑을 받고 사랑이 풍부하기 때문에, 특히 하나님을 체험할 수 있다. 예수님은 어린이가 하나님을 체험할 수 있음을 분명히 말하셨다. 인류는 타락이 아니라 하나님이 우리를 사랑했던 때인 창조에서 시작한다. 어린이가 하나님, 자신에 대한 사랑 그리고 다른 사람에 대한 사랑을 인식하는 행위는 삼위일체의 중심으로 들어가는 그들 평생의 여행이다. 어른은 경청하는 존재로서 어린이가 이것을 깨닫게 하는 데 도움을 줄 수 있지만, 어린이를 대신해서 이 여행을 할 수는 없다. 그들은 어린이가 삼위일체 하나님의 초대를 인식하고 응

---

1 Patrick Henry Reardon, "The Man Alive: Irenaeus Did Not Teach Self- Fulfillment", *Touchstone*, October 13-15, 2016. 2016년 2월 21일 접속, www.touchstonemag.com/archives/article.php?id=25-05-003-e.
2 Dallas Willard, *The Divine Conspiracy: Rediscovering Our Hidden Life in God* (New York: HarperCollins, 1997), loc. 587, Kindle.

답하도록 도울 수 있지만, 강제로 인식하게 하거나 연결할 수는 없다.

하나님을 인식하고 삼위일체의 실체에 참여하는 여행을 통해 어린이의 영성이 형성된다. 애니가 자기 그림에서 보여 주고 설명하듯이, 영성 형성은 음악을 듣고 배우고 참여하라는 초대를 받아들이는 것이다. 현대 용어인 '영성 형성'(spiritual format)은 인간의 영적 발달을 설명한 세 가지 형성 영향에 대한 최근의 생리적 및 심리적 이해를 바탕으로 한다.

첫째, 훈련 및 교육을 포함할 수 있는 외부 영향이다(종종 양육이라고 함).
둘째, 관계에 대한 유전적 경향으로, 이는 어린이가 태어나면서부터 타고난 것이다(본성).
셋째, 인간이 평생 내린 선택의 결과다(인간의 의지 또는 선택 의지).

모든 어린이는 이러한 영향을 받아 인격이 형성된다. 따라서 모든 어린이는 영성을 형성한다.

2. 하나님과의 조우에 의한 영성 형성

1,500년이 넘는 기간, 기독교 전통은 하나님에 대한 지식을 강조한 훈련 모델, 전략 및 교리를 논의하고 설명하며 규정해 왔다. 어린이를 가르치는 목적은 그들이 지적으로 동의하고 도덕적 지식을 쌓게 인도하기 위함이다. 누군가에 대한 지식이 있으면 좋지만, 그 지

식이 우정으로 이어지게 하지는 않는다.

　예를 들어, 나는 데스몬드 투투(Desmond Tutu)에 관해 안다. 나는 그의 책을 많이 읽고 그의 강의를 들었다. 그의 가르침은 나에게 영감을 주며 나의 도덕적 방향성을 형성하게 했다. 하지만 우리는 개인적으로 아무런 관계도 없다. 우리는 교제하지 않는다. 나는 그를 많이 존경하지만, 서로 멀리 떨어져 있기 때문에 우정으로 이어지지 않았다. 그러나 하나님은 시공간의 근접성에 제한을 받지 않는다.

　하나님은 가까이 계시고 아이들과 연결하기를 원하신다. 경험적 지식은 어린이가 하나님과의 관계를 발전하는 데 도움이 된다. 지난 100년 동안 실행한 어린이영성운동은 어린이들이 경험을 통해 얻는 삼위일체 존재에 대한 직접적인 지식을 포함했다.

　본질적으로 우리는 음악책이나 음악가에 관한 전기를 읽을 뿐만 아니라 핑커 심벌즈를 잡고 직접 연주함으로 삼위일체와 함께 음악을 연주하는 법을 배운다!

　어린이의 영성 형성에는 삼위일체적 사랑 공동체와 어린이의 관계를 구성하고 형성하는 네 가지 요소가 있다.

3. 영성 형성의 요소

1) 하나님의 자아

인간은 태어나면서부터 끊임없는 하나님의 부르심을 받는다. 하나님은 사람과 관계를 맺고자 한다. 하나님은 인간과의 관계를 위해 당신의 자아를 주셨다. 자동 유도 표시, 연결에 대한 갈망 그리고 우리 세상에 사랑스럽게 짜여진 핑(ping, 정보 통신 용어-역주)을 통해, 하나님은 당신의 자아로 모든 사람에게 주신다. 선, 아름다움, 진리는 세상에 있는 하나님의 표시이지만, 하나님은 다른 것도 소유한다. '왜 꿀벌이 분홍색 꽃을 좋아하는지 궁금한' 것처럼, 어린이가 경이로움을 경험할 때마다, 우리는 초대의 핑 소리를 듣는다. 어린이는 호기심에 배고픈 타고난 과학자다. 어린이가 경외심이나 신성한 신비를 느낄 때마다, 그들의 영혼은 핑을 친다.

에드워드 로빈슨(Edward Robinson)의 책 『최초 비전』(*The Original Vision*)은 사람들이 어린 시절 어떻게 하나님의 임재를 경험했는지 설명한다. 성인의 종교적 경험이나 영적 인식을 반영한 4천 개가 넘는 이야기에 대한 연구에서, 15퍼센트는 어린 시절에 발생했으며 그 사람의 삶에 영향을 미쳤다. 이 참가자들은 선함, 아름다움, 진리, 경이, 신비, 경외에 대한 경험을 하나님과의 만남으로 해석했다. 이러한 경험을 삶의 특별한 순간으로 해석하기보다는 일상적인 것으로 여겼다.[3]

---

[3] Edward Robinson, *The Original Vision* (Oxford: Religious Experience Research Unit, 1977), 15.

이러한 경험은 세 개의 학습 공간에서 발생한 것 같다. '눈물'(tears)의 공간이 있다. 여기에 깨어짐, 고난, 고통이 있다. '본성'(nature)의 공간이 있다. 이것은 하나님의 계시를 경험하기 위해 주어진 첫 번째 '책'이다. 그리고 '얇은 공간'(thin space) 또는 '문턱'(threshold) 공간이 있다. 이 공간에서는 사건과 정보가 예상하지 못한 방식으로 동시에 발생하고 서로 엮인 의미가 놀라울 정도로 연결된다. 이것들은 어린이가 사랑의 공동체(the Community of Love)에 의해, 사랑의 공동체를 위해 창조되었음을 상기하는 몇 가지 핑이다.

안정된 장소에 사는 것은 은혜의 선물이고, 매일 규칙적인 생활을 하는 문제에 여전히 적응을 못하지만, 숙식을 계속해서 제공받는 은혜에 그들은 감사한다. 하지만 아만다(Amanda)는 헤이븐 하우스에서 사는 것을 은혜로 느끼지 못했다. 그녀는 평생 할머니와 함께 살았지만, 어머니가 감옥에서 나오고 할머니가 돌아가셨을 때, 오랫동안 단절된 관계를 회복해야 했다. 지난 6개월 동안 많은 것을 잃은 상태로 살았기에, 고립과 외로움의 위협은 그녀를 압도했다. 나는 그녀에게 이른 아침에 버스 정류장까지 걸어가는 것을 시작으로 해서 하나님이 어디에서 나타났는지 물었다.

미루나무는 그녀에게 하나님을 가리켰다. 가을에 미루나무에서 노란 잎이 떨어졌다. 떨어지는 그 잎만큼이나 그녀의 상실은 컸다. 어느 날 그녀는 할머니의 죽음을 회상하며 "하나님이 나와 함께 울 것 같다"라고 말했다. 겨울이 오고 눈이 땅을 덮고 미루나무 가지가 여전히 하늘에 닿았을 때, 그녀는 나무 그림을 그리고 평화, 눈물, 밝음 그리고 조용함이라는 단어를 썼다.

아만다의 내부에서 무슨 일이 일어나고 있었지만, 자세한 내용은 알 수 없었다. 그녀의 청중은 하나님과 함께했다. 나는 그녀가 제안한 것을 목격하도록 초청받은 사람에 불과했다. 봄이 왔고 아만다는 나무의 새싹에 관해 이야기하기 시작했을 뿐만 아니라 이전에 없었던 미래에 대한 희망을 구체화했다. 그녀의 몸은 더 가벼워졌고 더 많이 웃었으며 더 쉽게 웃었다. 자연, 특히 미루나무는 그녀를 외로움에서 건져 내어 하나님께로 이끄는 역할을 했다.

2) 인간의 삶

(1) 인간 생활과의 관계

이런 핑들은 어린이의 일상생활에서 발생한다. 호기심과 놀이, 새로운 경험과 경계, 연결과 분리로 가득 찬 삶은 하나님이 자녀와 나누고자 하는 것이다. 영성 형성의 두 번째 요소인 삶은 자연, 예술, 경이, 신비를 통해 그리고 다른 사람들과의 관계를 통해 하나님을 만날 수 있는 기회를 제공한다. 어른과의 관계는 어린이가 하나님에 관해 믿는 것을 형성하고 만드는 필수 요소다. 어린이의 삶에서 가장 영향력 있는 어른이 어린이의 하나님에 대한 첫 번째 그림을 형성한다.

어린이에게 강력하게 영향력을 미치는 어른은 부모, 교사, 목사 또는 다른 가족 구성원이 될 수 있다. 관계를 맺게 하는 연결은 신뢰를 설정하고 사랑과 수용에 대한 기대의 토대를 마련한다. 종종 자녀를 무조건적으로 사랑하는 것을 보여 주는 가장 확실한 예는 사랑하는 조부모와의 관계에서 찾아볼 수 있다. 조부모가 자녀에게 보여 주는 관심과 보살핌은 자녀의 생각과 마음에 하나님의 사랑스럽고 세심한 이미지를 형성할 수 있게 한다. 조부모는 아이의 말을 기쁨으로 계속 들을 수 있는 여유와 인내심을 보여 준다. 또한, 그들은 아이가 진정한 사랑과 너그러움을 느끼게 하는 삶에서 묻어 나온 지혜와 겸손을 보여 준다.

나는 많은 사람이 어른으로서 겪는 경험을 좋아하지 않음을 안다. 모든 어른이 하나님의 사랑과 기쁨을 구현하지는 않는다. 당신도 그렇다면, 어른으로서 겪는 아픈 경험은 하나님에 대한 당신의 그림을 되돌아볼 때 도움이 될 것이다. 상담가, 영적 지도자 또는 친한 친구와의 대화는 치유에 도움을 줄 것이다.

(2) 인간 생활의 고통

어린이는 또한 사람에게서 입은 상처를 통해 하나님을 만난다. 어린이는 심지어 고통, 아니 특별히 고통을 받을 때, 치유하는 하나님께 마음을 문을 열 수 있다. 학교에 맨 처음 갈 때 어린이는 두려움을 느낄 수 있다. 학교는 어린이에게 '무서운 용'처럼 보일 수 있다. 제레미(Jeremy)가 그랬다. 제레미가 3학년이 되어 첫날 등교할 때 유쾌하지 않았다. 새로운 도시의 새로운 학교에 등교하는 첫날은 '무서움 그 자체'였다. 나는 제레미에게 어떻게 무서운지 설명해 달라고 했다.

"이는 마치 나를 잡아 먹기 위해 나를 노려보는 용을 대면하는 것 같다"라고 그는 말했다. 그의 '무서움'에 관해 조금 더 이야기 한 후, 나는 제레미에게 손가락 미로를 사용해서 하나님과 이 용에 관해 이야기할 수 있는지 물었고, 그는 그렇게 하겠다고 했다. 우리가 그동안 해 오던 기도 의식에 따라, 제레미는 손가락을 미로로 움직여 하나님께 용에 관해 이야기했다. 손가락이 중앙에 닿자 그는 성부, 성자, 성령을 놓고 심호흡을 세 번 했다. 그다음 그는 손가락을 미로를 통해 바깥쪽으로 움직여서 하나님의 개인적인 메시지를 들었다.

제레미가 바깥에 도착했을 때 그는 나를 올려다보며 웃었다. 나는 말했다.

"하나님이 말씀하신 것을 나에게 말해 줄 수 있겠니?

때때로 하나님은 사적으로 말씀하시지만, 그렇지 않은 경우도 있지. 나에게 말해 줄 수 있다면, 나는 기쁠 것 같아."

제레미는 고개를 끄덕였다.

"하나님은 나에게 용을 두려워할 필요가 없다고 말씀하셨어요. 바로 하나님이 용과 싸워 줄 분이기 때문이죠."

"더 이상 용이 무섭지 않다는 말이지?"라고 나는 대답했다.

"아니요! 용은 큰 이빨을 가지고 있어요. 하지만 하나님은 내가 학교에 갈 때 함께 가고 용을 무서워하지 않아요."

"하나님이 학교에서 너와 함께 있다는 사실을 기억하기 위해 너는 무엇을 하지?"라고 나는 물었다.

맨 처음, 제레미는 어깨를 으쓱했다. 우리는 이 문제를 놓고 함께 고민한 다음에, 두려울 때 세 손가락이 그를 붙잡고 있음을 기억하자고 결론 내렸다. 한 손가락은 성부, 또 하나는 성자 그리고 마지막 하나는 성령 하나님이다. 이 작은 기도의 행위가 제레미에게 위안이 되었다. 그는 두려워하는 삶을 살기 위해 창조되지 않았고 삼위일체 하나님은 그를 두렵게 하는 모든 용을 물리치리라는 것을 알게 되었다.

어린이는 하나님의 충만한 사랑으로 삶을 시작하지만, 곧 상처를 받는다. 어린이는 그들의 머리 속에 있는 삼위일체 하나님의 이미지와는 달리, 그들은 모든 잠재적 선을 실현할 수 있는 지식과 능력이 부족하다는 것을 알게 된다(롬 6:1-14).

우리 자신의 상처와 우리 주변에 있는 사람들의 상처를 포함한 인간의 상처는, 하나님의 진리, 아름다움, 선의 실체에 참여하는 데 있어 걸림돌이 된다. 하나님은 어린이를 사랑하고 그들과 소통하려고 하지만, 인간의 상처는 두려움에 떨게 한다. 두려움은 이런 장애물의 핵심 요소다. 두려움은 성경에 등장한(창 3장) 첫 번째 장애물 이야기의 핵심이다. 두려움은 불신하게 하고 신뢰 관계를 훼손한다.

깨달음과 삼위일체 실체에 참여하는 여행은 두려움을 통해 이루어진다. 어른은 종종 어린이의 상처와 그로 인한 두려움이 교제의 장애물로서 첫 번째 상처를 경험하는 순간에 생겨난다는 사실을 종종 잊는다. 더욱이 우리는 종종 어린이의 실존적 두려움을 간과한다. 어린이의 두려움은 우리가 마음속에 묻거나 합리화하기 위해 열심히 노력한 우리 자신의 두려움이 생각나게 한다. 또한, 우리의 제한된 범위를 상기시킨다. 어른이라고 해서 항상 상황을 더 낫게 할 수는 없다. 우리는 큰 세상이나 아이의 내면세계를 바꿀 수 없다.

어린이는 두려움을 묻어 버리는 법을 배우지 않았고 아직까지 그것들을 합리화할 수 없다. 이러한 두려움이 불러일으키는 취약성 때문에, 어린이는 자신의 두려움에 사랑을 말할 수 있는 분과 연결되고 싶어 한다. 어린이는 평생 이런 연결을 경험할 수 있는 수많은 기회를 갖는다. 그들은 하나의 주요 연결과 그 후에 여러 번의 재연결을 경험할 수 있다.

3) 예수님의 삶

연결이 관계의 핵심이라는 것을 아신 하나님은 육신을 입고 "우리 가운데 거하셨다"(요 1:14). 예수님의 삶과 죽음과 부활은 구속적일 뿐만 아니라 형성적이기도 하다. 수 세기 동안 우리는 예수님의 죽음과 부활과 관련하여 어린이가 얼마나 중요한지에 대해 초점을 두었지만 예수님의 삶에서 발견되는 연결의 기본 요소를 놓쳤다.

예수님의 성육신은 아이들이 연결할 수 있는 '근접성'(withness)을 제공한다. 비록 그리스도께서 항상 계셨고 앞으로도 계시겠지만, 그의 성육신은 인간과 관계를 맺고자 하는 목적을 위함이었다. 몸을 가진 그의 삶은 인류와 공유한 경험과 친밀한 인간관계를 보여 주었다. 그의 육신이 죽음을 경험하는 삶은 친밀한 공동체로의 초대이자 모범이다.

예수님은 어린이에게 사랑의 공동체에 들어가서 사는 방법을 몸소 보여 주셨다. 예수님은 어린이와 무한한 관계를 맺기 때문에 어린이는 복음을 통해 자신의 삶에서 예수님을 경험하도록 초대받는다.

누가복음 2:41-52를 가지고 중학생들을 인도할 때, 한 십 대 소년이 말했다.

"알겠습니다. 어머니는 말합니다.

'애야, 어떻게 우리에게 이럴 수 있니?'

항상 그렇지만, 부모님도 저를 이해하지 못합니다."

예수님은 모든 인간이 경험하는 동일한 실존적 두려움에 직면했지만, 이런 두려움은 그의 영혼 깊숙히 자리 잡지 못했다. 그는 사랑의 가족과 연결하는 방법을 완전히 알고 사랑으로 두려움을 극복했다. 삼위일체 실체의 일원으로서 예수님은, 사랑을 발산하고 사랑 그 자체다. 모든 인간과 마찬가지로 그는 의도적으로 가능한 한 아버지와 가까이 동행함으로 사랑으로 성장하는 것을 경험했다.

4) 영적 실천

예수님은 또한 기도, 고독, 축하 등을 수행함으로써 다른 형태의 지식(훈련)을 모델로 삼았다. 기도, 고독, 축하는 하나님과 다른 사람들과의 더 깊은 연결을 위하여 의도적으로 행한 것이다. 이런 행위는 리처드 포스터(Richard Foster)의 『영적 훈련과 성장』(Celebration of Discipline)과 밸러리 헤스(Valerie Hess) 및 마르티 왓슨 갈렛트(Marti Watson Garlett)의 『어린이 마음의 습관』(Habits of a Child's Heart)이 기술한 고전 영적 실천의 형태를 취할 수 있다. 영적 실천은 은혜의 수단이며, 어린이를 하나님과 이웃에 대한 사랑의 마음으로 더 나아가게 하는 변형하는 사랑과 우정의 통로다. 예수님은 그것들을 실행하셨고 아이들도 그렇게 할 수 있다.

어린이는 기도한다. 그들은 하나님과 대화를 시작한다. 어린이는 묵상하고 마음을 하나님께 집중하며 내면의 목소리에 귀를 기울인다. 어린이는 사랑의 가족에 대한 인식에 도움을 주지 못하는 것을 그만둘 수 있다. 어린이는 다른 사람을 섬길 수 있는 특별한 능력이 있다. 그들은 자기 고집을 포기할 수 있다. 그들은 혼자 있기를 원할 뿐만 아니라 인도받기를 원한다. 그들은 자신에 대한 진실을 말하고 싶어 한다. 이러한 기본적 영적 관습은 어린이가 하나님을 향해 손을 뻗고 하나님이 이미 거기에 계시다는 것을 발견할 수 있는 평범하지만 신성한 공간을 연다.

어린이의 영성 형성은 네 가지 형성 요소, 즉 하나님의 자아, 인간의 삶, 예수님의 삶 그리고 영적 실천을 하나로 통합한다. 어린이가 참여한다면 자아의 모든 차원에 참여한다. 그들은 축하하는 것을 본능적으로 좋아한다. 그들은 사랑의 화려한 초대에 반응하기를 좋아한다. 본질적으로 어린이는 예배에 연결된다. 나는 이것을 작은 나사렛교회에서 배웠다.

이 시골에 있는 오래된 교회에서 예배 찬송을 찬송가에서 복음성가로 바꾸는 일은 쉽지 않았다. 확실히 찬송가는 많은 성도의 신앙 이야기를 대변하는 매개체이기에, 찬송가를 포기한다는 것은 마치 이단 사상을 받아들이는 것과 같았다. 어느 특별한 주일에, 유아부 어린이들은 교회로 들어가 복도를 가로질러 맨 앞자리로 갔다. 어린이 담당 목사는 이들이 유아방에서 갇혀 있기 보다는 어른과 예배에 함께 참석할 필요가 있다고 생각했다. 그래서 그들은 예배에 참여했다.

어린이가 예배에 함께 했을 때 그동안 움직이지 않았던 어른들의 몸이 움직였다는 사실이 흥미롭다. 찬양 목사는 <놀라운 빛>(Marvelous Light)이라는 찬양을 인도하기 시작했다. 첫 번째 절이 끝날 무렵, 아이들은 경직된 상태에서 자유하게 되었다. 그들은 온 마음을 다해 춤추며 노래했다. 그들의 몸은 그들이 느낀 기쁨의 예배를 감출 수 없었다. 두 번째 절을 부르자, 어린이 뒤에서 예배드리던 어른들에게도 무슨 일이 일어났다. 먼저 그들은 몸을 약간씩 흔들며 박수를 쳤다. 어린이가 예배의 분위기를 압도하자 지루한 분위기는 기쁨으로 바뀌었다. 사랑의 공동체는 찬양에 몰입했다. 아이들은 예배에 함께 참여하여 춤을 추었다.

곰곰이 생각할 문제

다음은 하나님, 다른 사람 또는 자신과의 대화를 위한 주제를 제안한 것이다.

- 어린 시절 자신의 모습을 상상하라.
  선함, 아름다움, 진리, 경이, 경외 또는 신비로움을 맨 처음 경험했던 순간을 자유롭게 그려라.

- 하나님에 관하여 그림으로 그리고 묵상하라.
  하나님에 관한 그림을 그리면 어떤 모습일까?
  하나님에 관한 그림의 콜라주를 자유롭게 만들라.
  하나님에 대한 감정을 나타내는 색을 선택하는 것부터 시작하라.
  그다음 자유롭게 창조하라. 잡지, 도형 및 기호의 이미지를 사용하라.

- 하나님의 모습에서 예수님의 생애와 성품을 반영하지 않은 부분이 무엇인지 주목하라.

- 시간이 지남에 따라 하나님에 관한 그림이 어떻게 변했는지 주목하라.

- 교회의 노인들은 어린이 사역에서 종종 간과된다.
  교회의 어른들이 어린아이들의 삶에 귀를 기울이는 것을 사명으로 삼는다면 이들은 교회에서 어떤 모습일까?

제3장

자세, 힘 그리고 패턴

> 당신이 만나는 모든 어린이는 하나님의 약속이다.
>
> - 웨스 스태포드(Wes Stafford), 컴패션 인터내셔널(Compassion International) -

가장 위대한 사람은 힘을 지휘한다. 1964년 전설의 권투 선수 카시우스 클레이(Cassius Clay [현재 무하마드 알리로 알려짐])는 세계 타이틀을 놓고 소니 리스턴(Sonny Liston)에게 도전할 준비를 하면서 자신이 명확하게 힘을 쓸 수 있는 가장 위대한 사람이라고 선언했다. 20년 후 그는 위대함과 힘을 놓고 다시 한번 소규모의 투쟁을 치렀다. 네 살 난 제니(Jenny)는 조부모 집에서 놀면서 바닥에 동전을 한 병이나 쏟았다. 그녀의 어린 눈만이 분명하게 볼 수 있는 작은 숫자를 비교하면서, 높고 낮은 무더기를 만들며, 동전을 가지고 놀고 있을 때, 그녀의 부모와 조부모는 즐겁게 이 광경을 지켜보았다.

이제 동전을 다시 병에 집어 놓고 집에 갈 시간이 되었다. 제니는 동전을 원위치하거나 집에 가고 싶지 않았다. 제니의 부모는 집에 갈 시간이 되었기에 그녀가 동전을 제자리에 집어넣기를 원했다. 그들은 순종을 원했다. 힘겨루기가 시작되었다.

제3장 자세, 힘 그리고 패턴

힘겨루기는 오래된 주제다. 공관복음서는 한결같이 누가 가장 위대한 사람인지를 놓고 투쟁한 제자들의 이야기를 다룬다. 한 번은 야고보와 요한이 권력을 위해 자기 어머니까지 끌어들였다. 예수님은 다른 형태의 권력이 있을 수 있다고 가르쳤다. 제자들은 이 새로운 가르침에 적응하려고 애썼다. 몸이 인간 영혼의 뜻을 수행하기 위해 창조된 "개인적 힘 꾸러미"(personal power packages)라는 것을 아신 예수님은, 고민하는 친구들에게 권력에 대한 또 다른 형태의 태도가 있음을 친히 보여 주셨다.[1] 그는 한 아이를 그들 가운데로 데려왔다.

그들 중 누가 가장 큰 자인지에 대한 논쟁이 일어났다. 그들의 속마음을 아신 예수님은 한 어린이를 데려와 옆에 두고 그들에게 말씀하셨다.

> 누구든지 내 이름으로 이런 어린아이를 영접하면 곧 나를 영접함이요 또 누구든지 나를 영접하면 곧 나를 보내신 이를 영접함이라 너희 모든 사람 중에 가장 작은 그가 큰 자니라(눅 9:46-48).

권력을 위한 투쟁의 역사는 에덴의 아담과 하와까지 거슬러 올라간다.

모든 힘을 분명히 갖고 계신 하나님이 자신이 창조하신 바로 그 존재들과의 관계를 위해 힘을 양보한 이유가 무엇인가?

---

1 "개인적 힘 꾸러미"(Personal power packages)는 달라스 윌라드(Dallas Willard)가 *Renovation of the Heart* (Colorado Springs: NavPress, 2002)와 Renovaré Institute, Denver cohort에서 행한 강의에서 사용한 용어다.

아담과 하와는 불신의 씨앗이 권력과 관계를 바꾸도록 하기 전까지 하나님 및 그들이 서로 친밀한 관계를 맺었다. 파괴적 힘의 패턴은, 누가 지배할 것인가, 누가 통제할 것인가, 누가 가장 큰 자인가에 관한 것이다. 예수님의 제자들이 배우는 힘의 구조는 관계에 관한 것이다.

인간에게 선택(의지)할 수 있는 능력을 아낌없이 주신 하나님은 인간 통치가 아니라 인간관계를 추구한다. 은혜 행위에서 하나님은 모든 인류에게 관계에 대한 본질적인 방향을 두셨다. 어린이에게 있는 가장 강력한 추진력은 관계다.

제니는 분명히(자신의 원칙을 의도적으로 고집하면서) 동전을 줍기 원하지 않았지만, 그녀는 깊은 관계를 갈망했다. 제니의 아버지는 이것을 알았다. 그는 그녀가 자신을 사랑하는 사람들과 관계를 맺고 싶은 것이 가장 큰 소망이라는 것을 알았다. 그래서 그는 제니의 행동을 보는 동안, 그녀에게 동전을 집으라고 명령하는 대신, 딸 옆 바닥에 앉아 같이 동전을 주워 담을 수 있는지 물었다. 그는 딸과 함께 동전을 모으면서 물었다.

"동전을 가지고 노는 게 어떻게 좋아?"

이 질문은 제니와 그녀의 아버지가 서로 연결될 수 있는 기회를 제공했다. 제니의 아버지는 딸에 관해 더 많이 배웠고 제니는 자신이 사랑받는다는 사실을 다시 한번 깨달았다.

예수님과 제니의 아버지가 어떻게 몸으로 힘을 바꿨는지 살펴보라. 예수님은 아이를 옆에 두면서, 힘, 즉 새로운 힘 양식을 나누는 협력자로서 자신의 몸을 제공했다. 제니의 아버지는 딸과 함께 바닥에 앉았다. 그는 그녀의 공간으로 이동했다. 예수님은 자신의 사회

구조의 힘을 공유하셨음을 주목하라.

> 누구든지 내 이름으로 이런 어린아이를 영접하면 곧 나를 영접함이요.

그런 다음, 권력 추구에 대하여 결정적인 말씀을 하셨다.

> 너희 모든 사람 중에 가장 작은 그가 큰 자니라.

이런 권력 패키지와 신체를 통해 우리는 권력 양식에 참여한다. 모든 인간 상호 작용에는 권력을 이동하고 교환하는 행위가 있다. 어린이와 영적 대화를 나누고자 할 때, 우리는 그곳의 힘을 인식해야 하며, 통치보다 관계를 원한다면 예수님처럼 힘을 바꾸어야 한다.

1. 자세와 힘

어린이와 영적 대화를 나누는 동안, 어린이의 말을 듣는 어른은 세심한 청취자로서의 관계적 자세를 취하는데, 이는 자신의 신체를 통해 전달한다. 권위에 대한 사회 문화적 표현과 결합된 신체 크기의 차이는 어린이와 어른이 동등한 권위 아래에서 만나지 않는다는 사실을 명심하라. 영적 대화에 필요한 개방적인 대화 관계를 형성하기 위해서는 어른이 가능한 한 동등한 권위의 힘을 키우는 신체적 및 영적 공간을 만들어야 한다. 힘의 무게 중심을 옮겨야 한다.

힘의 권위는 몸의 크기만으로 표현되지 않는다. 그것은 또한 맨 처음 영적 대화에 참여하는 것에서 발견된다. 우리는 어린이를 초대하고 격려할 수 있지만, 궁극적 선택의 힘은 어린이에게 있다. 공식적인 청취 환경에서 어린이는 20분에서 45분의 틀 내에서 자유롭게 말할 수 있는 시간에 대한 결정권을 부여받는다. 따라서 선택의 자유, 의지의 자유는, 어른과 어린이 사이의 힘을 균등화하는 도구가 된다. 대화 시간과 방법을 선택할 수 있는 권한은 어린이의 영적 생활에 의미를 더한다.

힘을 옮기는 또 다른 방법은 어린이와 함께 바닥에 앉는 것이다. 서양식 교육은 어린이가 의자에 앉도록 훈련하는데, 이는 몸의 움직임과 신체 표현을 제한한다. 어린이는 종종 바닥에 앉는 것을 선호하는데, 그 이유는 부분적으로 어른과의 거리를 조절할 수 있기 때문이다. 나는 사역할 때 녹색 잎이 흩어져 있는 하얀 담요를 사용하여 신성한 공간을 만든다.

어린이와 나는 신발을 벗고 동시에 담요를 밟고 함께 신성한 공간으로 들어간다. 만약 내가 먼저 담요 위에 앉는다면, 어린이에게 더 큰 권위를 표현하고 어린이가 하나님과의 친밀한 의사소통을 경험할 수 있는 환경에 해가 되었을 것이다.

어린이가 놀이와 대화를 이끌 때 힘의 방향이 바뀐다. 나는 두 달 동안 매주 윌리엄(William)과 만났다. 그동안 그는 영적 대화의 리듬을 쉽게 배웠다. 그는 자신의 생각과 느낌을 나누고 기도에 참여했으며, 다섯 번째 만남에서 마침내 자기 속 마음을 털어놓았다.

"나는 이 시간이 정말 싫어요."

그는 한숨을 쉬며 말했다.

"어떤 것이 싫지?"

나는 물었다.

"우리가 나누는 모든 대화가 다 싫어요. 다른 것을 하면 좋겠어요."

그는 안심하며 말했다. 나는 홀리 리스닝 가방에 젠가 블록(Jenga blocks)을 들고 다녔다. 젠가는 탑이 무너지고 한 사람이 승자로 선언 될 때까지, 직사각형 블록을 쌓고 다시 쌓는 단순한 게임이다. 우리는 블록을 사용하여 성탄절 이야기에 나오는 여관을 지었다.

나는 그가 정직하게 말해 준 것에 대해 고맙다고 말하고, 대신 게임을 하고 싶은지 물었다. 그는 주저하지 않고 예라고 답했다. 젠가를 두 번 하는 동안, 그는 지난주에 있었던 이야기를 자세히 말하고 하나님을 어떻게 만났는지 알려 주었다. 그는 내가 아직 몰랐던 불안과 분노의 순간에 대해 자세히 말했다.

윌리엄은 세 번째 것의 힘과 마법에 대해 가르쳐 주었다. 많은 사람은 직접 대화하는 것을 부담스러워한다. 무엇을 말할 것인지, 언제 말할 것인지, 더 깊은 수준에서 실제로 생각하거나 느끼는 것 그리고 그 이유에 대한 것들이 소용돌이처럼 보인다. 어린이도 이런 내면의 소동을 경험한다. 이런 내적 소동으로 어린이가 솔직하게 털어놓은 것은 쉽지 않다.

젠가 또는 제 삼의 것을 하라. 제 삼의 것이란, 당면한 과제와 거의 관련이 없는 것을 의미한다. 그것은 불안감을 제거하여 솔직한 대화를 할 수 있게 한다. 이 게임을 하는 동안, 윌리엄은 적극적으로 생각할 것과 해야 할 일이 있었다. 그가 자신의 내면세계를 조금은 나와 나누고 싶었지만, 자신의 생각과 감정을 자기조차 알 수 없음을 나는 직감했다. 그의 생각이 다른 일을 하면서 정리되자, 자신의 영혼에 관해 말할 수 있었다. 분노, 불안 그리고 하나님께 관한 이야기를 할 수 있었다.

나는 또한 어린이와 영적 대화에 내재된 힘의 차이에 대해서도 배웠다. 그가 진실을 말할 용기를 내기까지 두 달, 즉 다섯 번의 만남이 필요했다. 시간은 안전하다는 마음을 주는 최고의 도구다. 내재된 힘의 차이는 다르겠지만, 전달되는 메시지를 시험하는 데는 시간이 걸린다. 윌리엄은 자신의 의지를 향해 발걸음을 용감하게 내디뎠고, 결국 그는 해냈다.

교수이자 어린이 영성 연구자인 브렌단 하이드(Brendan Hyde)는 발견했다.

> 대화에 참여하는 사람들이 스스로 대화를 주도할 수 있는 반면, 대화의 주제가 대화를 통제할 때, 가장 효과적인 대화가 된다.[2]

어린이는 어른이 이끄는 것에 익숙하기 때문에, 어린이가 놀이와 대화 모두를 이끌게 하기 위해서는 매력적인 질문, 인내, 침묵이 필요하다. 어린이는 말하는 것을 좋아하지만, 자신의 생각과 감정을 말할 수 있고 궁극적으로 자신의 힘으로 말할 수 있다는 느낌을 주기

---

[2] Brendan Hyde, *Children and Spirituality: Searching for Meaning and Connectedness* (London: Jessica Kingsley, 2008), loc. 1105, Kindle.

위해서는 잠시 잠깐 침묵이 필요할 수도 있다. 어린이의 나이와 성격에 따라 대화가 자연스럽고 쉬워지는 데 몇 달이 걸릴 수 있다.

2. 예측 가능한 패턴

어린이와 영적 대화에는 예측 가능한 패턴이 있다. 이 패턴은 성장하는 인간 대 인간관계에서 찾을 수 있는 두 가지 자연스러운 움직임, 즉 인식하는 움직임과 반응하는 움직임을 활용한다. 아이들의 경우 이러한 움직임은 유일하게 유아적임을 명심해야 한다. 선함, 진리, 아름다움, 경이, 신비는 모두 하나님이 어린이와 관계를 구축하는 수단이다. 그러므로 그것들은 두 움직임 안에 엮일 것이다.

아이비 벡위드(Ivy Beckwith)와 데이비드 치노스(David Csinos)는 그들의 책 『예수님 길에서의 어린이 사역』(Children's Ministry in the Way of Jesus)에서 "초월적 하나님은 우리에게 하나님을 알고 하나님의 임재를 감지하며 하나님과 참다운 삶을 형성하는 관계에 들어갈 수 있도록 엄청난 능력을 선물로 주심으로 모든 사람에게 은혜를 쏟아부으신다"는 것을 우리에게 상기한다.[3]

어린이와 영적 대화에서 경청하는 어른은 어린이가 하나님의 임재를 인식하고 이러한 인식에 반응할 수 있는 환경을 형성한다.

3　David M. Csinos and Ivy Beckwith, *Children's Ministry in the Way of Jesus* (Downers Grove, IL: InterVarsity Press, 2013), loc. 619, Kindle.

이는 자연스러운 양식이지만 이 양식에 대한 장애물이 나타나기 시작한다. 인간은 습관에 지배를 받기 때문에 어린이가 하나님의 활동을 인식하기 시작하면, 그들은 인생에서 중요한 사람들에게 반응하는 방식으로 반응 할 것이다. 어린이의 경우 자신의 삶에 가장 큰 영향을 준 사람은 종종 부모, 조부모, 형제자매다. 하나님에 대한 어린이의 그림은 부분적으로 가장 지배적인 부모와의 상호 작용에서 형성한다.

어린이는 부모에게 반응한 방식으로 하나님께 가장 많이 반응할 것이다. 이 응답은 이 둘 사이에 닫히거나 열려 있거나 그 사이에 있을 것이다. 어린이의 부모나 조부모에 대한 그림과 얽힌 하나님 그림은, 안전하고 보살피고 사랑스러운 관계에 있을 때 생기를 줄 수 있다. 반면, 그림이 그리스도의 성품을 반영하지 않을 경우, 어린이의 하나님에 대한 관점에 해를 끼칠 수 있으며 실제로 이런 일이 일어난다. 이 그림은 하나님의 임재를 인식하는 능력과 어린이가 반응하는 방식을 형성한다.

이런 발달 양식은 일반적으로 사실이지만, 나는 가장 고통스러운 관계에 있는 어린이와 어른도 갈등을 초월한 하나님과의 경험에 관해 말하는 것을 들었다. 내가 이해할 수 없는 신비 속에서, 성령은 모든 어린이에게는 미묘하고 다른 사람들에게는 극적인 방식으로 하나님 자아를 건강하지 못한 관계에서 구별한다. 어떤 어린이는 부모에게서 보는 것보다 하나님께 더 많은 것이 있다는 사실을 확실히 모를 수 있다. 다른 사람들은 다음의 이야기를 들을 때 어린 시절의 자아를 생생하게 기억할 것이다.

군대 병장이었던 아버지와 결혼하여 비참한 삶을 산 어머니를 둔 가정에서 자란 내가 어떻게 하나님에 대한 그림이 사랑스럽고 아름다울 수 있겠는가?

그런데 사실 내가 꾼 꿈 때문에 그럴 수 있었다. 네 살쯤 된 어느 날 아침, 나는 이 사랑스러운 부모님과 같은 인물의 꿈을 꾸고 깨어났다. 꿈속에서 우리는 그네를 타고 있었다. 나는 그 꿈이 너무나 좋아서 그 꿈을 마음속에 간직한 채 매일 밤 잠자리에 들었다. 어떤 밤에는 꿈에서 이분과 더 많이 만났다. 내가 기억하는 어떤 꿈속에서, 이분은 내가 아플 때 나를 돌보았고 함께 식사를 했다. 결국, 나는 그 꿈을 더 꾸지 않았지만, 지금도 생각해 보면 내가 꿈속에서 만났던 '이분'이 나에게 있는 하나님 모습을 만들었음을 알 수 있다.

어린이와 영적 대화는 하나님을 향한 열린 마음이 생기게 하고 필요한 경우 새로운 반응 양식을 만들 수 있는 기회를 구현한다. 어린이는 하나님의 음성을 듣고 어른으로서 겪는 세월의 풍파가 청각을 손상하고 완전히 망가뜨리기 전에 하나님의 음성에 반응하는 법을 배울 수 있다. 어린이가 자신의 삶에서 하나님의 역사를 듣고 찾게 할 때, 자신이 혼자가 아니라는 사실을 분명히 알게 되고 삶이 자신을 압도할 때도 회복할 수 있게 한다. 공감은 살아 있는 관계와 연결하는 조직이다. 하나님이 그들과 함께 계시다는 것을 어린이가 인식하도록 도울 때 수치심을 없애고 자신이 혼자가 아니라는 사실을 배운다.

어린이와 영적 대화에서 맨 처음은 인식이요 다음은 반응이다. 어린이의 의지는 반응을 통해 살아난다. 하나님에 대한 열망을 매개체로 하여 하나님과의 관계가 발전하게 어른은 그들을 도울 수 있다. 어른으로서 어린이의 말을 들을 때, 그들을 존중하고 그들의 모든 것을 면밀히 살펴서 그들이 반응할 수 있게 해야 한다. 모든 사람과 마찬가지로 어린이도 스스로 선택해야 할 뿐만 아니라 타인의 개입 없이 선택해야 한다. 마음을 얻는 것은 성령의 방식이다. 성령은 선택의 연약함과 자유를 존중하는데, 우리도 마찬가지로 그래야 한다.[4]

3. 리듬 인식: 캐런(Karen)과 함께하는 영적 방향

인식하고 반응하는 양식은 듣는 분야에서 더 명확하게 볼 수 있다. 다음은 캐런과 나누는 세 가지 영적 대화를 제시한다. 캐런에 관한 모든 정보와 주제는 기밀 유지를 위해 바꾸었다. 읽는 동안 인식과 반응 양식에 주목하라.

1) 세션 1

캐런은 여덟 살이다. 우리를 처음 만났을 때, 그녀는 방으로 들어와 신발을 벗었다. 그리고 즉시 자신이 본 것을 묻기 시작했다. 나는 캐런의 이야기를 듣기 위해 여기에 왔다고 말했다. 캐런과 하나님이

---

[4] Sofia Cavalletti, *The Religious Potential of the Child: Experiencing Scripture and Liturgy with Young Children* (Chicago: Liturgy Training, 1992), 45.

함께했던 일을 듣고 싶다고 말했다. 그녀는 고개를 끄덕였다. 나는 캐런이 교회에 정기적으로 참석한다는 것을 알았기 때문에 종교적 용어를 사용해도 그녀가 편하게 느낄 수 있으리라고 생각했다. 몇 분 동안 이미지를 선택하고 건전지로 작동하는 양초를 가지고 논 후에 다음의 대화를 시작했다.

레이시: (작은 칠판대에 있는 예수님 동화책 성경에 나오는 예수님과 소년의 그림을 가리키며.) 이들이 누구인지 아니?

캐런: 예수님과 소년입니다. 이 사진이 좋습니다. 예수님이 윙크하는 모습이 좋습니다.

레이시: 왜 윙크를 좋아하지?

캐런: 마치 예수님이 재미있는 분 같아서요. 아니, 웃기는 분 같아요. 농담을 하는 것처럼. 저는 재미있는 사람이 좋아요. 당신도 재미있어요. (나에게 미소를 지으며 내 눈을 본다.)
(캐런이 나와 교제하고 싶고 나를 기쁘게 해 주고 싶어 하는지 알고 싶다. 대부분 어린이는 어른을 즐겁게 하기를 원한다는 것을 나는 안다. 나는 캐런에게 정말로 내가 그녀를 좋아하고 교제하고 싶다는 확신을 주기 위해 그녀에게 다시 미소를 지었다.)

레이시: 그 아래에 있는 촛불에 대해 어떻게 생각하니?

캐런: 진짜 양초가 아니에요.

레이시: (그녀의 말에 웃으며. 어린이는 가짜를 안다. 가짜 촛불, 가짜 위협, 가짜 인간, 가짜 감정을 알 수 있다. 이는 내가 할 수 있는 한 진실한 사람이어야 한다는 것을 상기하게 한다.) 그래, 네 말이 맞아. 하지만 교회는 우

리가 진짜 양초를 사용하는 것을 원하지 않아. 자, 그래서 이것을 사용하는 것에 대해 어떻게 생각해? (촛불을 들고 켠다.) 그것은 하나님이 우리와 함께 계시다는 것을 알게 해 주지.

캐런: 좋아요. (촛불을 예수님 사진 옆에 놓는다.) 그게 다 뭐죠?

레이시: (거룩한 경청 돌 상자를 당긴다. 어린이 담당 병원 목사 린 해들리[Leanne Hadley]는 어린이들과 거룩한 대화를 시작하는 방법으로 "경청 돌"[listening stones]을 만들었다.[5] 경청 돌은 임의의 기호가 인쇄된 작고 매끄러운 강에서 가져온 돌이다.) 글쎄, 이 돌들은 네가 말하고 내가 듣는 데 도움을 줄 수 있어. 너는 돌 세 개를 선택해서, 너의 하루를 말하거나 언제 걱정했는지 말하거나 하나님을 어디에서 만났는지 말할 수 있어.

해 볼래?

캐런: (상자를 헤집고 각 돌을 조심스럽게 살펴보며 각 돌을 놓고 약간 언급한 후.) 좋아요. 이 세 개로 할래요. (다음 돌을 선택하여 다음 순서로 배치한다. [1] 눈을 감은 돌, [2] 웃는 돌, [3] 발 돌.)

레이시: 이 돌에 대한 이야기를 말해 줄래?

캐런: 글쎄, 이것은 (첫 번째 돌을 집어 들며.) 행복한 눈이에요. 아줌마와 같이 있어서 기뻐요. 그리고 다음은 이쪽에서는 미소 짓지만 이쪽은 찡그린 얼굴이에요. (돌을 뒤집는다.) 학교에서 보는 골치 아픈 시험을 좋아하지 않아서 찡그린 것 같아요.

레이시: 골치 아픈 시험?

---

[5] Leanne Hadley, "Simple Directions for Making Holy Listening Stones", *Leanne Hadley* (blog), 2019년 7월 1일 접속, www.leanne-hadley.com/holy-listening.

캐런: 학교 시험을 알 거에요. 우리는 항상 시험을 치루어야 하고 저는 울어요. 시험이 싫어요.

레이시: 울고 싶어?

 싫은 이유가 뭐지?

캐런: 시험은 지루하고 어렵고 멍청해요. 시험을 걱정해요.

 아줌마도 시험 걱정 하세요?

캐런: (잠시 말이 없다.) 저는 침대에서 몸을 뒤척여요.

레이시: 밤에 잠자리에 들 때?

캐런: 네. 그리고 우리 엄마는 "가서 자거라"고 말씀해요. 하지만 저는 몸을 뒤척이고 손톱을 물어 뜯어요. (손톱을 보여 준다.) 하지만 하나님이 학교에서도 저와 함께하신다는 것을 기억해요. 그리고 잠에 들어요.

레이시: 무엇이 하나님이 너와 함께하신다는 것을 알려 주지?

캐런: 이 빛과 같은 종야등이요. (배터리로 작동하는 양초를 집고 말한다.)

레이시: 하나님이 너와 함께하신다는 것을 기억할 때 어떤 느낌이 들지?

캐런: 마치, '아! 괜찮아요' 같은 느낌.

레이시: 학교에서도 기억하니?

캐런: 때때로. 내가 '아하'라는 기분이 들 때요.

레이시: 그럼 무엇을 하지?

캐런: "시험 잘 보게 도와주세요"라고 말해요.

레이시: 효과 있니?

캐런: 예. (웃는 돌의 웃는 모습이 보이게 하며.) 이거 보세요. 제가 행복할 때 이래요.

레이시: 그것에 대해 말하려고? (캐런이 갑자기 주제를 바꾼다는 점에 유의하라. 어린이가 이 주제에서 저 주제로 넘어가는 것은 자연스러운 현상이다. 아이의 말을 경청하는 어른은 상황에 흔들리지 않고 아이가 주제를 바꿀 때마다 그들의 눈높이에 맞추는 것이 중요하다. 왜 캐런이 갑자기 주제를 바꾸었는지 궁금하지만, 그녀의 생각을 따라가는 것이 중요하다.)

레이시: 정말로 그랬어?

캐런: 제가 개에게 물렸을 때 기억나요? (이 사건 때문에 우리 공동체에서는 참 많은 기도를 했다.)

레이시: 그럼 기억하지.

캐런: 음, 제 아버지는 두려워하지 말라고 했어요. 저는 두렵지 않았어요. 두려움을 보이지 않았어요.

저와 제 친구 벳시(Betsy)는, 벳시를 아세요? (나는 고개를 저었다.) 우리는 밖에서 놀고 있었는데, 개가 거기 있었고 으르렁거리며 짖고 있었고, 알다시피, 이빨을 이렇게 보이고 있었어요. (자기 이빨을 나에게 보여 준다.) 나는 집에 가서 그 사람들에게 "당신 개가 우리를 물려고 합니다"라고 말했어요. 그래서 그들은 그 개를 집에 넣었어요. 저는 그녀의 생명을 구했고 옳은 일을 했어요.

레이시: 그때 하나님이 너와 함께 있었니? (세 가지 것을 듣는다. 캐런은 자신이 매우 용감하다는 것을 알아주기를 원한다고 듣는다. 이 이야기가 그녀의 마지막 이야기와 어떤 식으로든 연결되어 있는지 궁금하다. 다른 모든 사람처럼 그녀는 알려지기를 원한다. 그녀의 이야기를 통해 그녀를 이해하고 알려고 하지 말라.)

캐런: 물론이에요.. 그러나 저는 용감했어요. (세 번째 돌을 줍는다.) 알다시
피, 하나님은 우리와 함께 걸어 다니세요.

레이시: 그게 어떤 거야?

캐런: (잠시 말이 없다.) 물에 돌을 던질 때 나타나는 원과 같이 느껴져요.

레이시: 친구를 구했을 때 그렇게 느꼈니?

캐런: 항상 그렇게 느껴요. (두 번째 돌을 다시 집어 든다.) 보세요. (거꾸로
뒤집으며.) 이렇게 하면 무덤처럼 보여요. 예수님을 묻은 무덤처럼.
(그녀가 또 다른 화제로 바꾼다는 사실에 주목하자. 내가 그녀의 말을 이해했
다고 느낄 때 화제를 바꾸는 지 궁금하다. 아니면 그녀가 말한 것을 내가 반영
하거나 재구성하여 자신의 이야기를 들었다고 느낄 때 화제를 바꾸는지 모르겠
다. 이것은 미스터리다. 나는 여전히 그 과정을 믿는 법을 배우고 있다.)

레이시: 그래서 슬프니? (내가 잘못된 가정을 하여 대화에 방해가 된 것 같다.
캐런이 자유롭게 나를 바로 잡아 줄 수 있다고 느껴서 기쁘다.)

캐런: 아니요, 행복해요. 다시 살아나요. 음, 아마도 무덤이 슬픈 곳일 거에
요. 내년에 제가 중학교에 가는 것을 아세요?

레이시: 아, 잊고 있었네. 중학교에 대해 어떻게 생각하니? (캐런 가족은
한 달 안에 다른 주로 이사할 예정이다.)

캐런: 걱정돼요. 그곳이나 학교에 아는 사람이 없어요. (캐런은 유아원 이
후로 다니는 현재 학교와 그곳에서 아는 사랑하는 사람들에 관해 조금 더 이
야기한다. 기분 좋은 순간이 흐른다. 캐런은 용감했던 옛 이야기나 학교에서
치렀던 시험에 관해 이야기하지 않는다. 이것이 그녀의 모습이고, 그녀는 이
것을 깊이 나눈다. 나는 그녀에게 묵주를 보여 주고 그 작동 방식을 간략하게
소개한다. 그녀에게 조용히 또는 소리 내 기도할 수 있다고 말한다. 그녀는 묵

주를 받고 눈을 감고서 소리 내 기도하기 시작한다.)

캐런: 예수님, 저는 이사 가는 것이 걱정돼요. (묵주를 한쪽 끝에서 다른 쪽 끝으로 움직인다.) 저는 우리 가족이 안전한 여행을 하고 (묵주를 움직이며.) 자동차가 잘 움직이기를 원합니다. (묵주를 움직이며.) 그곳에 도착할 때까지 할아버지가 살아 계시기를 바랍니다. (묵주를 움직이며.) 아, 중학교 생활이 걱정돼요. (묵주를 움직이며 다른 말을 하지 않고 끝까지 천천히 그리고 신중하게 각 구슬을 옮긴다. 그녀는 큰 소리로 "아멘"이라고 말하며 기도를 마친다.)

레이시: 떠나기 전에 축복하고 싶구나. 축복 연고나 달콤한 향이 나는 면봉을 선택할 수 있어. (캐런은 축복 연고를 면밀히 살펴본 후 선택한다. 나는 그녀의 손에 십자가를 그린다.) 캐런, 너는 하나님의 자녀야. 하나님은 너를 사랑하고 너와 항상 함께해. 캐런을 보내 주신 하나님 감사합니다.

캐런: 제 머리에 축복해 줄 수 있어요? (앞머리를 뒤로 당긴다.)

레이시: 좋아, 그렇게 하지. (캐런의 머리에 십자가를 그리고 같은 말을 반복한다.)

2) 세션 2 ('2주 후')

캐런은 시작하고 싶어 한다. 긴 겨울이 지나고 아름다운 봄날이니까 밖에서 만나자고 제안한다. 태양이 너무 밝아서 양초가 (가짜이기는 하지만) 실내에서와 똑같은 효과를 발휘하리라고 생각하지 않았고, 산들바람이 불기 때문에 예수님 그림이 제자리에 있지 않을 것임을 알았다. 나는 주머니에 묵주를 넣어 와서 이것이 예수님 그림 대신에 효과가 있을지 의아했다. 나는 성경 위에 묵주를 얹고 대화를 시작했다.

캐런: 와, 이곳은 특별한 장소네요. (녹색 잎이 있는 흰색 담요를 가리킨다.)

레이시: 응, 그렇지. 나와 함께할래?

캐런: 네. (앉아서 즉시 묵주를 집는다.) 이것은 예수님입니다. 그리고 그의 엄마. 음 ... 아니, 아빠.

레이시: 그것은 묵주라고 하고, 나는 때로는 예수님이 나와 함께 계신다는 것을 상기하기 위해 주머니에 넣고 다녀. 오늘 예수님이 우리와 함께 계신다는 것을 상기하기 위해 그것을 가지고 왔어.

캐런: 좋아요. 제가 들고 있어도 될까요? (나는 그녀가 묵주에 관심이 많고 그것을 조심스럽게 집은 것을 보고 놀란다. 묵주의 어떤 면이 그녀를 매혹했는지 궁금하다. 돌이켜 보니 그녀에게 물어봤으면 좋았을 텐데.)

레이시: 물론이지. (캐런은 묵주를 가볍게 잡고 가끔 마리아의 머리카락을 가볍게 두드린다. 나는 시작 기도를 하고 돌 세 개를 고르도록 한다.)

캐런: 오늘 하루에 관해 말할게요. (마음, 감탄사 그리고 햇살 돌을 선택한다. 그다음 마음 돌을 든다. 묵주를 마음 돌 옆에 둔다.) 이것은 레이시를 위한 것이에요. 레이시와 함께 있어 기뻐요. 레이시와 같이 있는 선생님들이 좋아요.

레이시: 친절하게 말해 주어서 고마워, 캐런.
너와 같이 있는 선생님들에 관해 말해 줄 수 있겠니?

캐런: 학교 선생님은 때때로 저와 같이 있을 거예요. 제가 교실 안에서 공부해야 할 때, 선생님은 저와 함께 있을 거예요. 멋진 선생님이

죠. (나는 그 순간의 신성함을 느끼고 캐런보다 더 오래 음미하고 싶다. 캐런은 나에게 관계 맺는 것에 대한 깊은 갈망을 보여 주었다. 그녀는 두 번째 돌을 집어 내게 보여 준 다음, 그 옆에 묵주를 놓는다.)

캐런: 캠프 갈 생각하니 흥분되기 때문이에요. 목요일에 가요. 우리는 말과 마차를 탈 거예요. 그리고 짚라인(zip line)도 탈 거예요. 그것을 탈 수 있을지 모르겠어요.

레이시: 짚라인을 탈 수 있을지 모르겠다고?

캐런: 너무 무서울 것 같아요. (햇살 돌을 보여 주며, 두 번째 돌 옆에 묵주를 놓는다.) 오늘 바로 이런 기분을 느껴요. 추위와 눈이 싫어요. (지난주 내내 눈이 내렸지만, 오늘은 맑다.) 오늘은 맑아요. 하나님이 따뜻한 날씨를 주셨어요.

레이시: 하나님이 어떻게 따뜻한 날씨를 주시지?

캐런: 하나님은 해를 창조했어요.
  그렇지 않나요?

레이시: 음, 맞아, 그랬지. (우리는 같이 웃고 해가 있는 곳으로 얼굴을 돌린다. 잠시 후, 캐런은 돌 상자에 손을 뻗어 몇 개를 더 뽑는다. 그리고 무릎에 묵주를 놓는다.)

캐런: (물음표가 있는 돌을 꺼낸 다음 이 돌 옆에 묵주를 놓는다.) 이것이 그 움직임에 대해 느끼는 방법이에요. 모르겠어요.

레이시: 몰라?

캐런: 좋은 것도 있고 나쁜 것도 있지만, 모두 좋아질 거예요. 하지만 지금은 나빠요.

레이시: 좋은 점과 나쁜 점에 관해 말해 주겠니?

캐런: 전에 말했던 것. 중학교 문제. 제 친구들이 여기에 있어요. 하지만 우리는 수영을 할 수 있어요. 알다시피, 그런 것.

레이스: 아, 그리고 다른 것은?

캐런: 아니, 그 정도예요. (발처럼 생긴 또 다른 돌을 뽑아낸다. 이 돌 옆에 묵주를 두지 않았다. 아마도 그냥 잊어버린 것 같다.) 이 돌은 이곳 교회를 위한 것이에요. 교회에는 아이들의 방까지 가는 길에 발자국이 있어요. 그곳을 방문했어요. 그 교회에는 어린이가 많았고 상도 많이 주었어요. 제 오빠는 이곳보다 훨씬 더 낫다고 말해요.

레이시: 너도 그렇게 생각하니?

케런: 그래요. 상이 많아요. (다른 돌을 뽑아낸다. 그녀가 뽑아낸 돌은 구름이고 이 돌 옆에 묵주를 옮긴다.) 이것은 "하늘에 계신 우리 아버지" 말씀과 같아요. 하나님은 우리가 필요한 모든 것을 주세요. 마치 구름이 비와 그늘을 주는 것처럼. 우리에게 필요한 것을 주세요. (상자 안의 모든 돌을 하나둘 꺼낼 때마다, 임박한 움직임을 외적으로 처리하는 데 사용하고 있는지 궁금하다.)

캐런: (다른 돌을 뽑아낸다. 이 돌에는 동그라미가 있고 한 선이 그 동그라미를 가로지른다.) 이것은 약속을 어기는 것을 의미해요. (오늘 학교에서 다투었던 이야기를 들려준다. 캐런의 친구는 캠프에서 이중 침대의 아랫부분을 사용하겠다고 약속했지만, 마음을 바꾸었다.) 제 친구는 말을 지키지 않았어요. 약속을 지키지 않았어요. 약속을 깨는 친구는 필요 없어요. 말로 한 약속은 지켜야 해요.

레이시: 그래서 기분이 어땠니?

캐런: 슬펐어요. 그런 친구는 필요 없어요. 파트너를 바꾸었어요. (묵주를 들고 앞뒤를 돌려가며 예수님을 본다. 다시 마리아의 머리카락을 톡톡 두드린다. 마리아가 캐런에게 어떤 말을 하는지 궁금하다.)

레이시: (양털 손가락 미로를 들고.) 손가락 미로를 가지고 하나님과 대화하겠니? 기도하는 데 도움이 되는 도구야. 손가락을 원의 중심으로 움직이면서 하나님께 말하고 손가락을 빼면서 하나님이 우리에게 하시는 말씀을 듣는 거야.

캐런: 오, 멋져요. 미로 같아요.

레이시: 응, 약간 그렇지. 이것을 가지고 기도할 수 있어. 그림을 그리면서 묵주 또는 종이와 마커를 가지고 기도할 수도 있어.

캐런: 이것으로 할래요. (미로를 선택하고 그 옆에 묵주를 놓는다.) 하나님, 캠프에서 저를 도와주세요. 그리고 해를 주신 것 감사해요. 착한 사람이 되게 하시고 나쁜 사람이 되지 않게 해 주세요. (가운데로 가서 나를 쳐다본다.)

레이시: 이제 미로에서 나와서 하나님이 너에게 하신 말씀을 들을 수 있어.

캐런: (아래를 내려다보며 손가락을 움직인다.) 아멘. (위를 쳐다보며 웃는다.)

레이시: 하나님이 말씀하신 것을 나에게 말하거나, 아니면 비밀로 해도 돼.

캐런: 음, 비밀로 할래요.

3) 세션 3 ('2주 후')

이날 캐런은 매우 흥분했다. 마지막으로 학교 가는 날이었고, 파티가 있었으며, 많은 상을 받았다. 마지막으로 그녀를 만날 때, 묵주와 다시 관계를 맺었다. 이번에는 예수님의 그림과 배터리로 작동하는 양초보다는 묵주를 다시 가져왔다.

> 캐런: 제가 원하는 돌들만 알아요. (그녀가 발자국, 십자가, 마음 돌을 찾을 때까지 상자를 파헤친다.) 저와 같이 걷는 예수님이에요. 새로운 도시로 걸어갈 때도. 아니, 운전해서 가요. (나는 캐런의 농담에 웃으며 동참한다.) 십자가는 예수님이 나를 위해 십자가에서 죽으셨다는 뜻이에요. (마음 돌을 물음표가 그려진 돌로 바꾼다.) 마음 돌 대신 이것으로 할래요. (묵주 옆에 돌을 놓는다.) 걱정돼요.
>
> 레이시: 뭐가 걱정이지?
>
> 캐런: 이사요. 집이 필요한데, 비싸요.
>
> 음, 얼마나 바싸죠?
>
> 레이시: 집에 따라 달라.
>
> 캐런: 하지만 할아버지 집에서 한동안 살 수 있어요.
>
> 레이시: 할아버지랑 같이 사는 지내는 거 어때? (캐런은 어깨를 으쓱하고 눈은 눈물로 가득 차 있다. 그녀는 아무 말도 하지 않는다. 그리고 나도 잠시 아무 말도 하지 않는다. 캐런은 묵주를 손가락으로 훑고 마리아를 가볍게 두드린다. 나는 그녀를 위해 기도하고 있다. 내 마음도 역시 슬프다. 그녀의 등에 있는 짐의 무게를 느낄 수 있다. 이제 다시 그녀를 볼 수 없을 것이

다. 현재와 미래에 그녀를 지탱할 수 있게 내가 무엇을 해 줄 수 있는지 의아하다.)

레이시: 이것을 놓고 하나님과 이야기하고 싶니?

캐런: 네, 손가락 기도를 사용하고 싶어요.

레이시: 미로?

캐런: 네, 그거요. (미로를 가져다가 캐런 앞에 가볍게 둔다. 그런 다음 그녀는 미로의 중앙에 묵주를 놓는다. 처음에는 손가락을 놓는다. 손가락이 움직이면서, 나에게는 들리지 않는 몇 마디 말을 작게 말한다. 가운데에 도달할 때, 나를 바라본다. 캐런은 눈물을 흘렸음을 나는 알 수 있다.)

레이시: 이제 너는 하나님이 너에게 하신 말씀을 들을 수 있어.

캐런: (웃고 미로를 돌아보며 손가락을 가운데에서 쭉 펼쳐 보인다.) 아멘.

레이시: 하나님이 너에게 다시 말씀하시는 것을 들었니?

캐런: 네. 하나님은 우리가 앞으로 나아갈 것이라고 말씀하셨어요. (우리는 평소와 같은 폐회 의식을 치른다. 그녀는 축복의 공과 축복의 향유를 가질 수 있는지 물었고, 나는 그렇다고 대답하고 그녀를 축복한다.)

캐런과 함께한 몇 번의 만남에서 인식하고 반응하는 리듬이 전체적으로 짜여 있다. 캐런은 다양한 대화 도구를 사용하여 자기 삶에서 하나님의 초대를 인식하고 자신을 이끄는 하나님에게 응답했다. 가장 취약하고 진정성이 있는 순간은 내가 성인 경청자로서 관조적인 자세를 취하고 하나님과의 연결로 이어지는 질문만 할 때였다. 물론 이는 지나고 나서야 깨닫게 되지만, 어쨌든 그것으로부터 배울 수 있다.

4. 보호

아이들과의 영적 대화 중 힘을 이동할 때 아이에게 더 많은 자유를 주지만, 마지막으로 힘을 보호해야(Power-Protection) 함을 기억해야 한다. 중요한 것은 보호, 즉 힘의 중요한 사용인 힘의 보호(P)가 있다. 어른에게 있는 고유의 힘은 항상 어린이를 보호하는 데 사용해야 한다. 어른은 어린이의 신뢰를 보호해야 한다.

어른 경청자는 어린이가 확신할 때 하나님이 주신 자녀의 자율성에 복종한다. 이런 대화는 신성하며 어린이의 허락 없이 다른 사람과 공유해서는 안 된다. 어른은 어린이의 이야기를 즐긴다. 그리고 그들의 방식은 우리에게 영감과 참신함을 준다. 그러나 어린이가 나눈 이야기를 함부로 다른 사람에게 이야기해서는 안 된다. 부모와 교사가 이야기 당사자인 어린이의 허락 없이 남에게 그들의 이야기를 할 때, 그들은 분노하고 어른을 더 신뢰하지 않은 경우를 나는 무수히 보았다.

즉, 자녀 부모는 신뢰가 무너져야 할 때가 있다는 것을 알아야 한다. 어린이가 학대당했거나, 위험에 처했거나, 아니면 자신이나 타인에게 위험한 경우, 어른 경청자는 신뢰를 깨고 해당 기관에 보고해야 한다. 공식적 영적 경청 관계에서, 처음부터, 부모가, 기밀이 유지되지만 이를 깨뜨려야 할 때가 있음을 인정하는 문서를 읽고 이에 서명하는 것이 도움이 될 수 있다.[6]

6　허가 받은 양식은 부록 4를 참조하라.

곰곰이 생각할 문제

다음은 하나님, 다른 사람 또는 자신과의 대화를 위한 주제다.

- 다음의 구절을 가지고 상상력을 동원하라. 마태복음 18:1-5, 20:20-28, 누가복음 9:46-48, 22:24-30.

해당 구절을 읽기 전, 2분간 마음, 정신, 몸을 집중하라.
성령 하나님이 당신의 상상력을 통해 말씀하시도록 하라.
당신의 상상력이 성경을 이해하는 데 도움이 되게 하라.
성경 본문을 한 번 읽으라. 본문의 전체 주제를 발견하라.
누가 등장하고, 사건이 발생히는 곳이 이디며, 무슨 일이 일어나는가?
본문을 다시 읽어라.
이번에는 당신이 그 구절에 있다고 상상하라.
당신은 어디에 있는가?
당신은 누구인가?
무엇을 보는가?
어떤 냄새가 나는가?
무엇을 듣는가?
맛은 어떤가?
무엇을 만지는가?
할 수 있거든 본문에 머물라.

성령이 이 본문을 통해 당신을 인도하게 하라.
성령은 당신이 무엇을 알고 경험하기를 바라는가?
"마음의 귀로 들어라"(성 베네딕트).

- 많은 사람이 힘의 양식을 의식적으로 인식하지 못한다.
  우리는 그들과 함께 살았고 그들 안에서 오랫동안 그들을 더 볼 수 없다.
  당신을 둘러싸고 있는 힘의 양식을 주목하라.
  갈등을 관찰하거나 이에 참여할 때 힘의 움직임을 주목하라.
  어린이나 성인과 이야기할 때 힘이 어떻게 사용되는지 주목하라.
  기도하는 마음으로 성령과 함께 지속해서 관찰하라.

- 최근의 영적 경험이나 기도 시간을 생각해 보라.
  정신(생각과 감정), 육체, 정신(의지), 사회적 맥락(공동체) 등 그 사람이 참여하는 영역을 주목하라. 덜 지배적인 차원을 인식하고 참여하는 데 도움이 될 수 있는 것에 대해 하나님과 대화하라.

제4장
눈과 귀

> 다른 사람의 영혼 상태를 알고 깨닫기 위해 영혼의 소리를 듣는 것은 한 사람이 다른 사람을 위해 하는 가장 큰 봉사일 수 있다.
>
> - 더글라스 스티어(Douglas Steere) -

내가 아이들의 말을 잘 듣는 사람이 되었다고 생각했을 때, 그들은 이미 청소년이 되었고, 모든 것은 다시 원점으로 돌아왔다. 어느 화요일 오후, 열네 살 딸과 활발한 토론을 할 때, 문제가 발생했다. 딸은 자기 관점에서 말했다. 나는 내 딸의 말을 듣는 동안 내 관점에서 생각했다.

두 번째 논쟁이 끝난 후, 딸은 손가락을 튕기며 말했다.

"제 말은 그것이 아니에요. 아빠는 제 말을 듣고 있지 않아요."

그러자, 도마뱀 뇌처럼 작은 나의 뇌리에 먼저 스치는 것은, '방금 딸이 손가락을 튕겼는가?'였다. 그다음 성령의 속삭임은 내가 제정신을 차리게 도와주었다.

'그래. 딸이 옳았어. 나는 딸의 말에 주의를 기울이지 않았어. 딸의 말을 듣지 않았어.'

내 몸은 대화에 참여했으나, 내 정신은 법정에서 해야 할 일에 있었다. 나는 딸과 함께 있지 않았고 듣지 않았기에, 우리 둘 사이에 가능한 핑(ping)이 없었다. 하나님이 우리 둘에게 주신 연결점이 무엇이든지, 나는 듣지 못했다. 나는 경청이라는 선물에 참여할 기회를 놓쳤다.

마태복음 18:15-20에서 예수님이 대화하는 법을 가르치시면서 "두세 사람이 내 이름으로 모인 곳에는 나도 그들 중에 있느니라"고 말씀하셨다. 우리가 우리 앞에 있는 어린이나 십 대에게 관심을 가질 때, 우리가 다른 사람에게 우리 자신을 열 때, 우리는 또한 하나님 임재 앞에 우리 자신을 연다.

우리가 다른 사람과 깊은 교제를 나눌 때, 루이스(C. S. Lewis)가 설교에서 했던 말, "영광의 무게"(The Weight of Glory)라는 표현의 의미를 깨닫게 된다.

> 평범한 사람은 없다. 당신이 대화하는 사람은 아무 의미 없는 인간이 아니다.[1]

그는 우리가 서로를 있는 그대로, 하나님이 우리를 보시는 것처럼 본다면, 서로 엎드려 경배하고 싶은 강한 유혹을 받게 될 것이라고 말한다. 우리가 다른 사람과 깊은 교제를 나눌 때, 하나님의 형상(*imago Dei*)을 엿볼 수 있고, 하나님의 핑(ping) 소리를 들을 수 있다.

---

1 C. S. Lewis, *The Weight of Glory* (Grand Rapids: Eerdmans, 1949), 15.

그러나 어린이나 청소년과 온전히 대화하기 위해서는 치러야 할 비용을 계산해야 한다. 우리가 온 마음을 다해 아이들의 말을 들을 때, 우리는 취약함의 부산물인 변화라는 대가를 치러야 한다. 예를 들어, 나는 딸과 함께 있기 위하여 법정을 나와 판결을 보류해야 했다. 나는 딸과 관계를 맺기 위해 나 자신의 위치를 위험에 빠트려야 했다. 교제를 마쳤을 때, 딸은 자신의 말을 들어주지 않았다거나 아빠와의 시간이 부족했다는 불평의 소리를 하지 않았다. 딸과의 관계를 정상으로 되돌리기 위해 내가 처한 상황을 성령님의 관대한 손에 맡겨야 했다.

1. 듣는 선물

우리가 다른 사람에게 완전히 집중할 때, 갈망에 귀를 기울인다. 퀘이커(Quaker) 더글라스 스티어(Douglas Steere)가 말했듯이, 우리는 "이미 거기에 있는 가장 깊은 것"에 귀를 기울인다.[2] 경청의 기초는 초대다. 만물을 창조할 때, 성령 하나님은 속삭이고 모든 피조물을 우주로 초대하셨다. 이 거룩한 초대는 사랑의 가족과 연결하려는 시도이고, 사람이 서로 깊이 경청할 수 있게 하는 것이었다. 경청은 귀의 기능일 뿐만 아니라 마음을 하나님의 속삭임과 짜임새에 맞추는 것이다.

---

2   Douglas V. Steere, *On Being Present Where You Are* (Lebanon, PA: Pendle Hill, 1967), 16.

초대는 또한 다른 사람의 삶에서 신적 움직임에 대해 호기심 많은 사람의 마음에서 비롯된 질문의 형태를 취할 수 있다. 그러나 동정 없는 호기심은 그저 무미건조한 정보 수집에 불과하다. 하지만, 성령이 인도하는 공감과 사랑이 깃든 호기심은 어린아이가 자신의 음성과 삶 속에서 하나님의 음성을 인식하도록 귀를 기울일 수 있는 잠재력이 있다.

듣는 것이 전부는 아니다. 온 마음을 다해 온전히 경청한다는 것은 다른 사람에게 완전히 몰두함을 의미한다. 온 마음을 다해 어린이의 말을 들을 때, 우리는 그들 삶의 경이로움을 기대하며 열린 마음을 갖게 된다. 육체적 관점에서, 온전히 경청한다는 의미는 고요하고 세심한 몸짓을 표현하고 언어를 통해 적극적으로 나누는 것이다.

온전한 경청은 하나님께 온전히 나아가는 것으로 시작하는 과정이다. 우리가 하나님께 온전히 나아가는 데 도움이 되는 물리적 단계가 있다. 그 단계는 촛불을 켜는 것처럼 보일 수 있으며 이는 하나님이 가까이 계심을 상기시켜 준다. 우리는 또한 우리에게 말씀하시는 하나님의 형상을 마음속에 간직할 수 있다. 또는 "제가 잘 들을 수 있도록 도와주세요"와 같은 간단한 기도를 드릴 수도 있다. 다음으로 우리는 호흡, 몸, 생각, 감정을 자각함으로써 우리 자신에게 온전히 몰두하게 된다. 어린이와 온전히 같이 있으려면 하나님 임재에 대한 우리의 인식과 자아에 대한 인식 모두가 필요하다.

우리 자신을 자각한 후에야 우리는 판단하고 좋은 충고를 주는 자아를 제쳐 두고 마음을 열어 어린이의 말에 귀를 기울일 수 있다. 그러면 우리는 완전히 몰두하게 된다. 다른 사람의 선물을 받을 준비가 된다. 그리고 당신이 모르는 경우를 대비하여, 어른들이 듣기는 하지만 완전히 같이 있지 않을 때 어린이는 이를 눈치채고 말할 것이다. 그들은 온전히 경청할 때 몸이 어떻게 반응하는지 안다. 완전한 자기 경청은 연결의 통화이며 어린이는 그것을 위해 연결되어 있다.

2. 보는 선물

나는 대학 초년에 카자흐스탄에서 단기 사역에 참여할 좋은 기회가 있었다. 그곳에 처음 갔을 때, 나는 암 병원에 입원한 아이들을 즐겁게 하고 놀아 주는 사역을 하는 학생으로 구성된 팀의 일원이었다. 나는 내가 예수님 안에서 경험한 사랑과 우정을 이 상처받은 아이들에게 소개하고 싶은 열정이 있었다. 나는 내 눈으로 그들의 몸이 쇠약해지는 것을 보았고 그들과 그들 부모에게 가까이 가고 싶었다. 열아홉 살이 되던 해에도 나는 그들 부모에게 있는 깊고 형언할 수 없는 슬픔을 알았다. 내 여동생 채리티 데이(Charity Day)는 아기였을 때 죽었다. 나는 부모의 마음으로 이 고통을 느낀 적이 있었다.

하나님의 사랑을 받은 이들은 대부분 러시아어를 했고 일부는 카자흐어를 했지만, 영어를 하는 사람은 없었고, 당연히 남부 영어를 말하는 사람은 한 명도 없었다.

어떻게 교제할 수 있었을까?

어떻게 서로의 말을 들을 수 있었을까?

말은 분명히 의사소통에 도움이 되지만 필요한 것은 아니다. 우리의 몸, 무언의 개방성, 따뜻함, 관대함, 서로에 대한 환대를 통해 많은 것이 전달된다. 나는 목에 자몽만 한 종양이 있는 10살짜리 소년 빅터(Victor)의 머리맡에 몇 시간을 앉아 있었다. 나는 오렌지와 사탕이라는 희귀한 선물을 주었고, 그는 장난감, 문어, 링거 관으로 만든 강아지를 선물했다. 우리는 소통할 수 있는 공통 언어가 없었지만 그런데도 의사소통이 가능했다. 함께 마루에서 놀고 종이 공예품을 만들면서, 나는 그의 고통을 엿보았고, 그의 두려움을 들었으며, 그의 갈망을 느꼈다. 그가 예수님의 사랑을 느꼈음을 소망했고 확신했다.

모든 영적 동반자, 특히 자녀의 영적 동반자는 들을 귀뿐만 아니라 보는 눈도 있어야 한다. 우리는 말하지 않은 것을 보고, 표현하기에는 너무 깊은 것을 느낀다. 성령은 우리가 들을 때 중재하고, 우리가 말하지 않지만, 말하는 것을 알려 준다. 빅터는 다른 아이들이 밖에서 놀고 있었고 아픈 아이들로 가득 찬 방에 있는 작은 유아용 침대에 갇혀 있는 자신을 보고 실망하고 화가 났다고 나에게 말할 필요가 없었다. 나는 그의 주변 공기에서 그것을 느낄 수 있었고 그의 기분에 동참했다. 우리는 함께 오렌지 껍질을 작게 찢어서 공을 만든 다음 그것을 벽에 던졌다. 내 목에는 작은 십자가 목걸이가 있었다. 여러 번 빅터는 살짝 미소를 지으며 내 십자가를 가리켰다.

그가 하나님이나 십자가에 어떤 의미를 부여했을지 모르지만, 그의 고통을 느끼려는 나의 하찮은 노력을 통해, 그의 고통을 공유하는 하나님을 알았으면 좋겠다.

열성적인 젊은 복음주의자로서의 내 삶을 돌이켜 보면, 그것이 내가 전할 수 있는 최고의 복음이었을 것이다. 분명히 말의 힘으로 나는 상대방을 억누르고 압박할 수 있었을 것이다. 어쩌면 어린 시절 내가 받은 것과 같은 피해를 줄 수도 있었다. 그러나 언어가 없었기에, 나는 그의 마음속에 있는 무언의 언어를 듣고, 배우고, 보고, 읽을 수밖에 없었다. 그리고 아마도 나에게서 아무 말도 듣지 않은 빅터는 성령님의 위안과 사랑의 말을 진정으로 들을 수 있었을 것이다.

3. 초대로서의 질문

달라스 윌라드(Dallas Willard)는 『하나님의 모략』(The Divine Conspiracy)에 있는 "공동체의 심장인 요청"(The Request as the Heart of Community)이라는 제목의 글에서 "하나님과 협력하지만, 자유와 조화를 이루고 모든 개인의 가치가 반영된 것들을 통해 이루어지는 영적 세계의 위대한 법칙"에 관해 묻는다.[3]

윌라드는 우리가 조언할 때, 다른 사람들에게 진주를 줄 때, 우리 자신이 바로 문젯거리가 되고, 이로 인해 그들이 하나님의 말씀을 듣지 못하거나 자신의 목소리를 듣지 못하게 한다고 설명한다. 그러나 우리가 듣기 시작하면 그들은 우리로부터 자신을 보호할 필요 없이

---

3   Dallas Willard, *The Divine Conspiracy: Rediscovering Our Hidden Life in God* (New york: Harper, 1998), loc. 4352, Kindle.

마음을 열 수 있다.[4] 이것이 바로 질문의 힘이다. 우리가 자녀의 삶에서 하나님과 함께 동행할 때 질문하는 것은 자녀의 자율성, 즉 인식하고, 성찰하며, 반응하는 어린이의 능력을 인정하는 행위다. 질문하는 행위는 또한 어린이 자신의 지식에 대한 관심과 호기심 그리고 신뢰를 전달한다.

초대는 '신적 호기심' 질문의 형태를 취한다. 성령의 인도 아래 어른은 이런 질문을 하도록 이끌린다. 신적 호기심 질문은 다음과 유사하다.

지난주에 하나님이 가까이 계심을 느꼈던 적이 있었는가?
또는 언제 아름답거나 선하거나 진실한 것을 경험했는가?
또는 화났거나 두려웠거나 기뻤을 때에 대해 말해 줄 수 있는가?

선, 진리, 아름다움의 세 가지 초월적 개념은 종종 하나님의 활동과 임재를 보고 그것을 인정하기 위한 관문이다. 선함이나 아름다움을 기억할 수 없을 때, 어른은 아이의 고통과 슬픔 속에 하나님이 계신다는 것을 알고, 다른 수단을 통해 아이가 하나님과 연결되도록 도울 수 있다. 성령은 그것을 상기시켜 주는 분이므로, 그런 질문들은 어린이가 내면의 삶을 탐구하고 표현하기 시작하는 데 필요한 것을 제공한다.

---

4   Willard, *Divine Conspiracy*, loc. 4352.

그림 4.1. 경청의 돌은 임의의 기호가 인쇄된 작고 매끄러운 돌이다. 투영을 통해 경청의 돌은 어린이가 자기 삶에 관한 이야기를 할 수 있게 도와준다.

어린이를 담당하는 병원 원목인 린 해들리(Leanne Hadley)는 어린이와 신성한 대화를 나눌 때 필요한 '경청의 돌'(listening stones)을 만들었다.[5] 경청의 돌은 임의의 기호가 인쇄된 작고 매끄러운 돌이다.

어린이는 이 돌을 자세히 살핀 후, 그들이 말하고 싶은 삶의 이야기를 나타내는 세 개의 돌을 선택하면 된다. 어린이가 자기 이야기를 나누도록 유도하는 추가 질문은 다음과 같다.

---

5 Leanne Hadley, "Simple Directions for Making Holy Listening Stones", *Leanne Hadley* (blog), 2019년 7월 1일 접속, www.leanne-hadley.com/holy-listening.

감사할 일이 한 가지 있다면 그것은 무엇인가?

당신의 삶에서 특별한 사람이나 동물에게서 무엇을 느끼는가?

당신이 하고 싶은 질문은 _____인가?

어른이 된 후 기억하고 싶은 것은 _____인가?

당신은 _____에 대해 궁금한가?

당신은 _____ 할 때 _____ 을(를) 느끼는가?

당신은 _____에 감사함을 느끼는가?

때때로 당신의 문제는 _____인가?

때때로 당신은 _____ 느끼는가?

최선을 다할 때 당신은 _____처럼 느끼는가?

오늘 기억하고 싶은 것은 _____인가?

당신이 감사하는 것은 _____인가?

당신은 하나님께 뭐라고 말하는가?

하나님은 당신에게 무엇이라고 말씀하는가?[6]

이러한 질문은 심문하기 위한 도구가 아니라 초대하기 위함임을 기억해야 한다. 모든 초대와 마찬가지로 하나 또는 두 개의 단어가 나오고 침묵과 주의를 이끌기 위하여 빈 곳이 뒤따른다. 어린이의 영혼이 적극적으로 참여하기 위해서는 안전과 자유를 느껴야 한다. 침묵, 주의 그리고 완전히 열린 마음은 그 안전과 자유를 전달할 것이다.

---

6   Tobin Hart, *The Secret Spiritual World of Children: The Breakthrough Discovery That Profoundly Alters Our Conventional View of Children's Mystical Experiences* (Novato, CA: New World Library, 2003), locs. 1584, 2984, 3870, Kindle.

많은 어린이에게 있어, 실존적 질문에 대해 생각하는 것은 전적으로 자연스럽고 매일 할 수 있는 일일 것이다. 이 아이들은 단순히 초대가 필요할 뿐이다. 그들은 자신의 이야기를 잘 들어주는 어른과 함께 자기 생각과 감정을 다룰 기회를 환영한다.

도움이 되는 질문은 다음과 같을 수 있다.

말하고 싶은 것이 마음속에 있는가?

아동 영성 전문가인 심리학자 토빈 하르트(Tobin Hart)는 어른의 역할과 질문의 유용성을 연결한다.

> 영적 친구는 특히 당신을 이해하고 인도해 주며, 다음과 같은 질문들을 제기하는 데 도움이 된다.
> '당신의 삶에서 의미, 영, 하나님에 대해 가장 가깝게 느껴 본 적이 언제였는가?'
> '온전함을 느꼈던 때는 언제였는가?'
> '인생이란 무엇인가?'[7]

어린이가 질문을 다룰 때 의심을 표현할 수 있음을 기억해야 한다. 어린이가 의심을 표현하면 어른은 불안해 할 수 있다. 그러나 의심은 어린이 영성에 있는 밀물과 썰물 일부다. 어린이는 종교적 확실성에서 놀라울 정도로 자유롭다. 그들은 지각, 이해, 신념을 자유롭게 구성하고 해체한다. 어린이의 말을 잘 들어주는 동반자는 이 과정이 진

---

[7] Hart, *Secret Spiritual World of Children*.

행되는 동안 충실한 증인이자 신성한 대화 상대가 될 수 있다.

일단 어린이를 초대하고 그들이 내면세계를 공유하기 시작하면 전인적으로 들을 수 있다. 어른은 인내심을 가지고 어린이의 말을 깊이 경청하는 훈련을 해야 한다.

베리맨(Berryman)은 다음과 같은 지침을 준다.

> 어린이가 말하려고 하는 내용을 잘못 해석하면 파괴적일 수 있기 때문에, 어린이의 말에 신중하게 귀를 기울여야 한다. 심지어 너무 많이 들어서 실수하는 것도 가치가 있다.[8]

어른이 어린이의 말을 들을 때, 어린이의 말에 어떤 의미를 부여하려는 경향이 있다. 이런 행위는, 어린이가 경험한 어떤 특정한 것에서 성령이 어떻게 역사하는지에 대한 정보나 통찰력이 없기 때문에, 전혀 도움이 되지 않는다. 어린이가 우리와 공유하는 것은 불완전하며, 경험에 대한 전체 그림이 아니다. 우리는 그들이 공유하는 것을 통해 그들과 하나님과의 관계에서 벌어진 삶을 살짝 엿볼 뿐이다. 우리의 해석이나 조언을 아이에게 강요한다면, 아이의 자발적 목소리와 선택 의지를 막을 수 있다. 어린이가 하나님의 음성을 듣지 못하게 막을 수 있다.

---

8 Jerome Berryman, *Teaching Godly Play: How to Mentor the Spiritual Development of Children* (Denver: Morehouse Education Resources, 2009), 54.

어른은 침묵하는 훈련을 해야 할 뿐만 아니라, 다음과 같은 질문을 명확히 하는 기술을 익혀야 한다.

"그것에 대해 더 말할 수 있니?"

또는, "내가 제대로 이해했는지 모르겠네.

자세히 설명해 줄 수 있니?"

이러한 질문은 대화를 시작하는 데 도움이 될 수 있으며, 어린이가 자기 생각을 정리하고 스스로 들을 수 있게 한다. 어린이는 고통스럽거나 혼란스러운 상황을 나눌 수 있는데, 이런 상황에서 어른은 아이가 처한 상황을 고치거나 도와주려는 충동을 느낄 수 있다. 어른은 "너는 지금 상처를 입고/혼란스럽고/두려워하고 있어. 마음이 아프다"라는 표현으로 동정하는 마음을 전할 수 있다.

어른은 침묵을 유지하고, 고치려는 충동에 저항할 때, 창조주 하나님이 하나님의 피조물인 어린이와 상호 작용하게 할 수 있다. 이렇게 진정성 있고 부드러운 대화를 나눌 때, 어린이는 자신의 상처, 고통 또는 혼란을 하나님께 아뢸 수 있다. 카바레티(Cavaletti)는 어른이 할 수 있는 가장 효과적인 일은 "중재, 즉 어린이가 자신에게 평화를 주는 근원과 관계를 맺을 수 있도록 그들에게 제공하는 봉사"라고 말한다.[9]

우리는 그 경험을 부분적으로 엿볼 수 있을 뿐만 아니라, 어린이는 그들 특유의 방식으로 의사소통하고 언어를 사용할 수 있다. 베리맨(Berryman)은 열린 마음, 겸손 그리고 경이로운 자세로 어린이의 말을

---

9 Sofia Cavalletti, *The Religious Potential of the Child: Experiencing Scripture and Liturgy with Young Children* (Chicago: Liturgy Training Publications, 1992), 72.

들을 수 있다고 설명한다.

> 어린이의 세계에 들어가는 것은 낯설고 멋진 새로운 문화를 접하는 것과 같지만 어린이의 언어는 이중적인 면이 있다. 어른의 언어처럼 들리지만, 어린이가 쓰는 말이 어른이 일반적으로 의미하는 것과 항상 같지는 않다. 어린이는 어른보다 단어가 적고 확신이 크지 않기 때문에, 그들의 언어는 더 많은 의미를 담는다. 그들이 사용하는 언어는 종종 산문보다 시와 비슷하다. 또한, 사용 가능한 단어를 계속해서 씀으로 인해 그들의 어휘는 항상 증가하고 표현력은 유동적으로 변한다.[10]

어린이는 자기 경험을 항상 말로 표현할 수는 없지만, 상당히 시각적일 수 있으며, 그림을 사용하여 의사소통을 하는 방식에 훨씬 더 편안함을 느낀다. 어린이가 말하는 이야기는 논리에 기반한 선형 양식이 아닌 순환 양식을 따른다. 일반적으로 그들은 이성보다 감성에 중점을 두는데, 이는 부분적으로 오른쪽 뇌가 먼저 발달하기 때문이다. 일반적으로 오른쪽 뇌는 감정, 창의력, 놀이를 담당한다. 왼쪽은 이성, 언어 및 확실성을 담당한다. 아이가 어릴수록 오른쪽 뇌를 더 많이 사용한다. 아이들은 항상 자기 생각을 말로 표현하는 능력이 없다. 대신 시각적 이미지로 소통한다. 따라서 그들의 의사소통은 선형 양식이 아닌 순환 양식을 따른다.

---

10 Berryman, *Teaching Godly Play*, 130.

어린이의 이런 경향 때문에, 그들은 경이로움, 신비로움 그리고 연합에 더욱더 개방적이다. 카바레티(Cavaletti)가 설명하듯이, "우리는 생생하게 빛나다가 사라지는 섬광과 같은 덧없는 순간을 다룬다."[11] 어른의 역할은 그 순간을 인식하고 어린이가 반응할 수 있는 환경을 조성하는 것이다. 이것은 의미를 만드는 초기 단계로, 관심과 기회가 주어지면 일생 동안 친밀한 관계로 발전할 수 있다.

4. 어린이와 함께하는 명상적 경청

어른이 어린이의 말을 명상하며 듣는다는 것은 자연스럽거나 쉬운 일이 아니다. 어린이의 말을 듣는 방식은 어린 시절부터 형성되었기 때문에 어린이와 함께하는 새로운 방식을 다시 배우는 데 시간이 걸릴 수 있다. 듣는 법을 배우는 데 시간이 걸릴 수 있다. 요한 밥티스트 메츠(Johannes Baptist Metz)는 이를 엿볼 수 있게 도와준다.

> 가난한 심령에서 비롯된 인간의 만남만이 진정성이 있다. 다른 사람이 우리에게 접근하게 하려면 우리 자신을 잊어야 한다. 우리는 다른 사람에게 마음을 열어 그 사람의 독특한 성격이 드러나도록 할 수 있어야 한다. 비록 그것이 종종 우리를 두렵게 하거나 거부하더라도 말이다. 우리는 종종 상대방을 억누르고 보고 싶은 것만 본다. 그러

11　Cavalletti, *Religious Potential of the Child*, 36.

면 우리는 그들 존재의 신비한 비밀을 실제로 접할 수 없고, 오직 우리 자신만을 마주하게 된다.[12]

어린이의 독특한 개성이 펼쳐지는 것을 목격할 수 있는 특권을 누렸던 때를 떠올릴 수 있는가?

어린이의 말을 명상하는 자세로 경청한다는 것은 "어린이의 지각적 현실 세계와 감정적으로 완전히 접촉하는" 동안 평정심을 유지하는 것을 의미한다. 놀이 치료사 개리 랜드레스(Garry Landreth)가 지적했듯이, 우리는 "어린이의 경험보다 먼저 생각하거나 의미를 도출하기 위해 어떤 식으로든 내용을 분석하려고 하지 않는다."[13]

우리의 중심에 있는 개인적 존재는 어린이가 자신의 말과 하나님의 말씀을 들을 수 있는 안전한 공간을 제공한다.

> 어린이와 접촉하기를 원한다면 평정심을 유지한 상태로 어린이를 보아야 한다. 잔잔히 어린이의 말을 들어야 한다. 평정심을 유지한 상태로 어린이의 상상력과 접촉해야 한다. 평정심을 유지한 상태로 어린이가 인도한 데로 따라가야 한다. 평정심을 유지한 상태로 어린이를 경험해야 한다. 나는 여전히 내 안에 있고 어린이의 숨겨진 내면을 경험해야 한다. 나는 여전히 내 안에 있는 상태로 어린이를 기다

12　Johannes Baptist Metz가 Diane Millis, *Conversation: The Sacred Art: Practicing Presence in an Age of Distraction* (Woodstock, VT: SkyLight Paths, 2013), 81에서 인용.

13　Garry L. Landreth, *Play Therapy: The Art of the Relationship* (New York: Taylor & Francis, 2012), 73, Kindle.

려야 한다.[14]

물론 말은 쉽지만 실제로 이렇게 하는 것은 어렵다. 어린이의 말을 들을 때, 그들이나 우리 자신에게서 혐오감을 느낄 수 있다. 우리는 어린이가 이야기할 때, 졸리거나 짜증이 날 수 있다. 우리에게서 나타나는 이런 반응을 잘 절제하면 할수록, 어린이는 편안한 마음으로 우리에게 다가온다.

어린이가 이야기할 때 듣는 자세를 바꾸기 위해서는 열심히 연습해야 한다. 당신은 아마도 자신의 이야기를 잘 들어줄 때 행복해 하는 어린이들을 알 것이다. 만약 안다면, 그들에게 당신이 듣는 법을 배우도록 기꺼이 도와줄 의향이 있는지 물어보라. 그들이 원한다면 부모에게 먼저 허락을 받아라. 그런 다음 20분 동안 집중적으로 경청할 수 있는 공개 장소를 찾아라. 다음은 시간 구성에 도움이 되는 방법이다.

먼저, 당신이 그들의 삶에 관심이 있다는 것을 어린이가 알게 하라. 가르치거나 말을 하기 위해 여기 있는 것이 아니라 듣기 위해 왔다는 것을 알게 하여라. 다음 질문 중 한두 개를 선택하여 어린이에게 물어보라. 많은 질문이 "할 것인가"로 시작한다는 점에 유의하라. 이런 방식은 어린이의 선택 의지를 존중하는 데 도움이 된다. 이 간단한 표현은 어린이에게 이야기의 주인공이 자신이며, 더 나아가 이야기를 공유할지 여부를 선택할 수 있음을 알려 준다.

---

14 Landreth, *Play Therapy*, 76.

- 네가 하나님이 함께 무언가를 했던 때를 말해 주겠니?
- 하나님이 너와 함께하신다는 것을 알았던 때를 말해 주겠니?
- 너에게 일어난 좋은 일에 대해 말해 주겠니?
- 이번 주에 있었던 매우 강렬한 감정에 대한 이야기를 들려주겠니? 행복한 감정이든지 슬픈 감정이든지 화가 났던 기분이든이 무엇이든지 좋아.
- 지금까지 본 것 중 가장 아름다운 것에 대한 이야기를 들려 주겠니?
- 안전하다는 기분이 들었거나 무서웠던 때의 이야기를 들려 주겠니?
- 나는 여기에 너의 말을 듣기 위해 왔어. 하고 싶은 말씀이 있니?

● 어린이가 말할 때 다음 사항에 주의하라.

- 어린이의 신체 언어.
  그들은 입으로 말하지 않고 무엇을 말하는가?
- 그들은 단어를 어떻게 사용하는가?
  그들은 자신이 경험하는 것과는 다른 어휘를 사용할 수 있다.
- 그들이 느끼는 감정과 의미.
- 그들이 침묵할 때, 당신의 말이나 행동으로 그 침묵을 대신하려 하지 말고 기다려라.
- 당신의 정신이 피곤할 때, 오랫동안 그들에게 주의를 기울이는 것은 어렵다. 정신이 피곤하기 시작하면, 몸에서 무슨 일이 일어

나고 있는지 주의하라.
- 분노, 슬픔, 조바심, 판단 또는 놀람에 대한 자신의 반응.

◉ 어린이와 대화할 때 다음의 사항을 주의하라.
- 말하기 전에 심호흡하고 잠시 멈춘다. 이렇게 하면 머리가 아닌 마음으로 말하는 데 도움이 된다. 또한, 당신의 대답을 성령의 음성으로 확인하는 데 도움이 된다.
- 어린이가 생각을 계속할 수 있도록 어린이에게 중요해 보이는 단어를 반복하라.
- 그들의 경험에서 하나님의 임재와 활동에 주의하게 하라.
- 하나님이 이런 상황에서 당신에게 무엇을 말씀하셨는지 궁금하다는 같은 "궁금하다"라는 표현을 사용하라.
- 어린이가 자기 이야기를 공유할 수 있게 하라.
 "그것에 관해 더 이야기해 줄 수 있겠니?"
 "언제 그런 기분이 들었니?"
 "이해가 잘 안 되는 것 같은데 좀 더 자세히 설명해 주겠지?"와 같은 질문을 하라.

◉ 어린이를 가르치고 싶은 유혹이 있고, 어린이는 이런 상황에 익숙하다. 따라서 이러한 충동을 인식하고 짧게 대답하라.
- 대화가 끝난 후 축복 기도를 해도 괜찮은지 아이에게 물어보라. 짧게 기도하라.

예를 들어. 하나님, _____에 대해 감사드립니다. 저는 _____이(가) 자신 이야기를 저와 나누게 하신 것 감사드립니다. 하나님이 그/그녀를 매우 사랑하고 항상 가까이 있다는 것을 _____ 알게 해 주옵소서. 예수님 이름으로 기도합니다. 아멘.

- 종교적 언어에 익숙하지 않은 아이를 위해 이렇게 말하라. 너의 이야기를 해 줘서 고마워. 너를 알게 되어 감사하게 생각해. 너는 사랑받는 아이야.

귀와 눈의 선물을 통해 어린이와 대화를 나눌 때, 항상 속삭이며 말씀하시는 성령의 음성에 주의를 기울이는 것이 좋다.[15] 어린이를 축복할 때, 우리는 우리의 목소리를 성령님께 맡겨야 한다. 이렇게 말하라. "나는 너를 이해한다. 너의 말을 듣고 있다. 너의 곁에 있다."

듣고 말하는 행위를 통해, 하나님이 어린이와 관계를 맺도록 허락하실 때, 어린이는 우리를 점점 더 받아들일 것이다. 이것은 신성한 기회다.

15　"귀의 선물"이라는 표현은 트레보 허드슨(Trevor Hudson)이 청취를 표현할 때 사용하는 문구다. 그는 많은 사람이 성령님께 귀의 선물을 구해야 할 때도 방언의 은사를 간구하는 경우가 많다고 결론지었다. Trevor Hudson, *The Holy Spirit Here and Now* (Nashville: Upper Room Books, 2013), 116 참조.

곰곰이 생각할 문제

다음은 하나님, 다른 사람 또는 심지어 자신과의 대화를 위한 주제다.

• "어린이의 말을 단순히 듣기보다는 그들의 마음을 읽어야 한다"는 말을 되새겨 보라. 이 표현에 대한 자신의 반응을 주목하라.
당신이 어린이였을 때, 이 표현이 명시적 또는 암묵적으로 전달되었던 때를 기억하는가?
그 기억을 하나님, 영적 지도자 또는 친한 친구과 가능하다면 자세히 나누라.
그 친구와 함께 이 문구가 자신의 표현과 다른 사람에 대한 수용 능력을 어떻게 형성했는지 이야기하라.

• 반대로, 그 표현을 명시적 또는 묵시적으로 어린이에게 전달한 적이 있는가?
자신을 최대한 온유하게 대하라. 우리는 배운 대로 한다. 온유한 치료자(하나님)와 함께 기도하는 시간을 보낸 후, 아마도 어린이에게 용서를 구해야 할 것이다.

• 어린이의 말을 명상하는 자세로 들은 후, 5분 동안 아무 말 하지 말고 어린이 곁에 조용히 앉아 있으라. 그 침묵 속에서 어떤 이미지가 생각과 마음에 떠오르는지 주목하라.

그 이미지를 그려라. 떠오르는 이미지를 계속 모은 후, 수집한 이미지의 공통점과 차이점을 확인하라.
이 이미지에서 발견한 교훈이 있는가?

- 어린이가 대화를 원할 때, 당신에게 주의를 주시는 성령님을 초대하라. 상점에서 모르는 어린이를 만날 수 있다. 당신 가족이나 교회 안에 있는 누군가일 수 있다. 이런 만남이 확인될 때, 재빨리 자신의 마음을 살펴라. BOW라는 약어를 사용하여 살펴라.

B (Body): 내 몸은 어린이를 환영하고 대화하려는 열망이 있는가?
O (Open): 나는 취약성과 변화 가능성에 열려 있는가?
W (Wonder): 이 어린이의 마음을 움직이고 있는 가장 깊은 것에 대해 아이와 함께 알고 싶은 마음이 있는가?

어린이에게 완전히 몰두한다는 것은 모든 만남에 함께하시는 하나님께 복종함을 의미한다.

제5장

놀이와 투영의 언어

> 새는 날고 물고기는 헤엄치고 어린이는 논다.
> - 개리 랜드레스(Garry Landreth) -

우리는 마가복음 8:22-26에서 장난꾸러기와 같은 예수님의 모습을 엿볼 수 있다. 눈먼 사람이 예수님께 병을 고쳐 달라고 하자, 예수님은 그를 보는 사람이 적은 마을에서 데리고 나간 다음, 요한이 기록한 대로 자기 침을 섞은 진흙을 만드신다(요 9:6).

예수님이 침을 뱉은 진흙으로 맹인을 고치는 모습에는 어린아이 같고 장난스러운 모습을 발견할 수 있다. 아마도 예수님은 이 기적을 행하는 과정에서 어린 시절의 동심을 이용했을 것이다. 그러나 진흙 자체가 맹인의 문제를 완전히 해결하지 못하는 것처럼 보였을 때, 상황은 더욱 재미있어졌다. 그 맹인은 걷는 '나무와 같은' 것을 본다. 두 번의 시도에서 발견된 효율성의 부족과 과정을 시험하려는 의지가 이 놀이에서 보인다. 민첩함, 자유, 취약성, 치유가 이 놀이에 나타난다. 예수님은 그것을 이미 아셨던 것처럼 보이고 자기 아버지처럼 놀이에 대한 능력이 무궁하신다.

놀이는 어린이의 모국어다. 어른은 언어로 소통하지만, 언어에 서투른 어린이는 놀이와 동작으로 소통한다. 놀이는 어린이와 영적 대화를 나누는 데 꼭 필요하다. 이것은 가장 기본적인 의사소통 매체다. 어린이는 놀이할 때, 장난감이나 물건을 사용하여 내면의 삶을 표현하고, 참여하고, 해결한다. 놀이는 어린이가 경험한 것에 대한 단서를 제공할 수 있는 "자기 표현의 상징적 언어"를 제공한다.[1]

어린이는 놀이하면서 자기 경험을 성찰하고 의미를 부여하며, 그 경험이 유발한 질문을 해결한다. 놀이는 어른이 지배하는 삶에서 어린이가 어느 정도 자기 삶을 통제할 수 있게 해 주며 더 안심하고 안전하다고 느끼게 도와준다. 놀이는 결과가 아닌 과정에 가깝다. 놀이 그 자체가 자유이자 영적 대화라는 특징이 있다. 그리고 우리는 놀이가 어린이의 주된 의사소통 방식이기 때문에 하나님이 놀이라는 언어를 사용하신다는 것을 확신할 수 있다.

1. 놀이와 투영: 알기 위한 도구

놀이와 투영은 어린이와 함께 하나님의 말씀을 들을 때 하나님을 알고 나를 아는 데 도움을 주는 도구다. 놀이는 경이로움과 신비로움을 통합할 수 있을 뿐만 아니라 연합을 위한 조건을 만들 수도 있다.

---

[1] Garry L. Landreth, *Play Therapy: The Art of the Relationship* (New York: Taylor & Francis, 2012), 14, Kindle.

다음은 이야기를 묘사한 나무 장난감을 가지고 선한 목자 장면을 연기하면서 어린이와 나눈 영적 대화다. 어른은 나무 장난감을 가지고 어린이용 성경의 시편 23편에 나오는 선한 목자 이야기를 들려준다. 그런 다음 어른은 어린이에게 시편 23편에 나타난 장면을 연출하게 한다.[2]

"이야기 놀이"의 틀은 단순히 어른이 들려주는 이야기 그 자체다. 그런 다음 어린이는 그 이야기를 다시 말하고 자기 말, 상상력 그리고 지식으로 이야기의 틀을 채우도록 초대된다.

예를 들어, 나는 시편 23편에서 양을 해치려는 원수를 나타내는 사자를 길들이기 위해 양치기를 움직이는 어린이를 여러 명 보았다. 사자를 길들이는 양치기는 이 성경 본문에 나타나지 않지만, 평화와 조화를 갈망하는 어린이의 깊은 열망을 나타낸다. 나는 또한 사자를 움직여 목자와 양을 모두 죽이는 어린이를 보았다. 죽이는 사자도 당연히 이 성경 본문에 나오지 않는다. 여기서 우리는 어린이가 느끼는 공격성, 분노, 좌절감을 엿볼 수 있다. 어른은 어린이가 놀 때, 그들의 이야기를 듣고, 성령의 역사하심을 목격한다. 때때로 성령은 "사자가 양을 공격하는 이유가 무엇인가?"라는 신적 질문을 던질 것이다. 또는 "사자가 화가 났다"라고 생각하게 할 것이다.

때때로 어린이는 당신을 놀이에 초대하여 "목자가 되어 주세요" 또는 "사자가 되어 주세요"라고 요청할 것이다. 놀이에 초대되면 어린이가 시키는 대로 하면 된다. 어른은 어떤 식으로든 놀이에 개입하거나 경로를 바꾸거나 지시하거나 수정하지 말아야 한다. 우리는 성

---

[2] 어린이용 성경 시편 23편과 나무 재료 및 그림의 출처는 부록 1을 참조하라.

령이 어린이 안에서 일어나는 모든 일에 참여한다고 굳게 믿어야 한다. 어린이에게 하나님은 놀이 상대자다.

캐서린 가비(Catherine Garvey)의 다섯 가지 놀이 기준을 염두에 두면, 어린이가 언제 놀이를 시작하는지 알 수 있고, 문제를 해결하거나 놀이를 지시해야 할 필요성을 포기할 수 있다.

(1) 놀이는 즐겁다
(2) 놀이는 저절로 이루어진다
(3) 놀이는 자발적이다
(4) 놀이는 깊은 집중을 수반한다
(5) 놀이는 창의적 과정, 문제 해결, 언어 학습 및 사회적 역할과 연결된다[3]

장난감이나 기타 재료는 신중하게 선택해서 사용해야 한다. 장난감은 이야기를 투영할 수 있을 만큼 매력적이면서도 차분해야 한다. 예를 들어, 비디오 게임은 매력적이지만 어린이와 영적 대화에 사용할 만큼 차분하거나 여유롭지 않다. 장난감은 창의적이고 감정적이며 경험적인 표현을 촉진할 수 있어야 한다. 당연한 이야기겠지만 장난감도 잘 정리되고 잘 보관되어야 한다. 깨진 전자 장난감으로 가득 찬 공간은 어린이가 참여하기보다는 그들의 주의를 산만하게 할 것이다.

---

[3] Jerome Berryman, *Teaching Godly Play: How to Mentor the Spiritual Development of Children* (Denver: Morehouse Education Resources, 2009), 134-137.

놀이의 목표는 어린이에게 가장 자연스러운 언어로 들을 수 있는 공간을 여는 것이다. 어린이를 즐겁게 하거나 달래는 것이 아니다. 놀이와 오락은 다르다. 재미있는 오락은 일반적으로 우리를 연결과 자기 계시로 이끌지 않는다. 그러나 놀이는 경험과 탐험을 연결하는 에너지를 전달한다.

다음은 나의 어린이 키트에 있는 장난감 및 기타 자료 목록이다.

- 밧데리로 작동하는 촛불
- 마커, 수채화 물감, 수채화 용지
- 나무로 된 선한 목자 인형
- 예수님의 이야기를 전하는 목각 인형
- 실리퍼티(Silly Putty) 또는 점토
- 이모티콘 볼(감정을 표현한 얼굴)
- 레고 블록
- 래미네이트 예수님 형상 및 어린이 형상
- 모래가 있는 얕은 플라스틱 상자
- 거품이 담긴 작은 병
- 묵주
- 손가락 미로
- 빈 블록
- 젠가

2. 잭스(Jax)와의 영적 대화

　나는 수요일 오후에 헤이븐 하우스(Haven House)에서 어린이의 이야기를 일대일로 듣는 사람으로 자주 앉아 있었다. 우리는 이 시간을 "거룩한 경청"이라고 부른다. "거룩한 경청"은 어린이 사역의 영적 방향이라고 할 수 있다. 이 경청 시간은 어린이의 열정과 성령님의 인도하심에 따라 15분에서 45분까지 지속할 수 있다. 우리는 놀이방에서 함께 만난다. 놀이방 중앙에는 여러 가지 플라스틱 장난감이 깨끗이 치워져 있고 녹색 잎사귀가 새겨진 흰색 양털 담요로 신성한 장소를 가리키는 표시가 있었다. 어린이의 안전을 위해, 단단한 나무문을 투명 플라스틱 비닐 창이 있는 수제 캔버스 문으로 바꾸었다. 이 문을 통해 어린이를 안전하게 보호할 뿐만 아니라, 사생활도 보호할 수 있다.

　잭스와 나는 몇 번의 청취 시간을 통해 이 공간에서 만났다. 이 기사를 읽을 때, 놀이와 투영이 이 어린이가 하나님과 연결될 수 있도록 어떤 역할을 했는지 주목하라. 잭스는 타인과 거리를 유지하고 언어로는 거의 의사소통을 하지 않은 9살짜리 소년이다. 나는 그와 함께하기 위해서는 놀이가 필수 요소라는 것을 알기에 블록으로 가득 찬 녹색 가방을 가져왔다.

1) 세션 1

레이시: 안녕, 잭스. 만나게 되어 반가워. (나는 담요 위에 앉았지만, 그는 그 곳에 앉지 않았다. 그는 가장자리 바깥쪽에 무릎을 꿇었다.)
촛불을 켜도 괜찮겠니?

잭스: 여기에 뭐가 있어요? (블록이 있는 녹색 가방을 잡는다.)

레이시: 이것들을 가지고 놀고 싶니? (한 번에 하나씩 꺼내서 건물을 짓기 시작한다.)
너에게 일어난 행복한 일에 대해 말해 주겠니?

잭스: 경찰관 덕분에 행복했어요. 그는 파란색 옷과 검은색 벨트를 하고 있었어요. 그는 우리를 보호해요. 그의 차에는 크고 시끄러운 조명 과 총과 라디오가 있어요. 그의 차는 배트맨 차와 같아요. 빠르고 이렇게 달려요. (블록을 가져다가 자동차처럼 달리는 시늉을 한다.)

잭스: 그는 총으로 사람을 쏘지 않아요. 그는 라디오에서 이야기해요. (몇 분 동안 아무 말 하지 않는다.) 여름 장소에서 에이미와 같이 보이스 클럽(Boys Club)과 걸스 클럽(Girls Club)....

레이시: 여름 장소에서 에이미와 같이 보이스 클럽과 걸스 클럽?

잭스: (내 얼굴을 쳐다보지만 내 눈을 보지 않고 고개를 끄덕인다.) 경찰은 사람 들이 무서워할 때 도와줘요.

레이시: 그들이 무서워할 때. (잭스는 창문이 있는 건물을 만들려고 하지만 창 문 상단에 블록을 고정하지 못한다. 그는 블록을 내 손에 준다. 우리는 몇 분 동안 아무 말 없이 창문 만드는 작업을 한다.)

레이시: 두려웠던 때의 이야기를 해 줄 수 있겠니?

잭스: 그것은 창문이에요. 기도는 창문과 같아요. (수그려서 창문을 통해 본다.) 여기를 보세요.

레이시: (몸을 숙이고 우리는 창문을 통해 눈빛을 아주 짧게 교환한다.)

잭스: 이것과 같아요.. 보고 돌아볼 수 있죠. 무서우면 도와 달라고 할 수 있어요.

레이시: 네가 볼 때, 누가 뒤를 돌아보니?

잭스: 하나님이 하세요. (창문을 가지고 좀 더 놀고, 그가 나를 훔쳐보고 내가 그를 훔쳐본다.) 준비됐어요. (묵주를 가져다가 구슬을 하나씩 십자가를 향해 움직이기 시작한다. 그는 여전히 담요 가장자리에 앉아 눈을 감고 아무 말도 하지 않는다. 염주의 구슬을 다 올린 후 다시 내려놓는다.)

레이시: 축복을 원하니?

잭스: 이것. (축복의 향유를 고른다.) (나는 놀랐다. 그는 지난 몇 주 동안 방향유가 든 면봉을 선택했다. 나는 그의 손을 잡고 등에 간단한 십자가를 그렸다.)

레이시: 하나님은 너와 함께하셔. 잭스. 그리고 하나님은 절대로 너를 떠나지 않아.

2) 세션 2

이날 잭스는 예수님 사진에 주목했다. 내가 준비하는 동안 잭스는 거룩한 경청실을 엿보고 나는 그에게 만나고 싶은지 묻는다. 그는 "네, 하지만 너무 많이 말하고 싶지는 않아요"라고 한다. 나는 그가 거룩한 경청실에서 말할 필요가 없다고 그를 안심시킨다. "저는 피곤해요"라고 그는 말한다. 나는 이해한다는 뜻으로 고개를 끄덕이고 이불 위에 앉아 쿠키 한 상자를 연다. 아이들은 헤이븐 하우스의 거룩한 경청실에 올 때 종종 배고프다. 그들은 막 학교를 마치고 일반적으로 버스를 오랜 시간 타고 온다. 나는 간식을 먹이는 일이 그들을 환대한다는 마음을 보여 주는 작은 친절이라는 것을 알게 되었다.

레이시: 쿠키 먹고 싶니? (잭스는 쿠키를 집지만 담요 위에서 나와 함께하지 않는다. 그는 옛날보다 덜 적극적이다. 실제로 그는 피곤해 보인다.)

레이시: 오늘 어디에 있었니?

무척 피곤해 보이네. (잭스는 쿠키를 바닥에 내려놓는다. 처음에는 내 질문에 대답하지 않는다. 그는 『예수님 이야기 성경』[Jesus Storybook Bible]에서 예수님 이미지를 샅샅이 뒤지기 시작한다. 그는 예수님과 한 소년 사진을 집어 든다.)

레이시: 이 사진에 대해 어떻게 생각하니?

잭스: 예수님 사진이에요. 이것은 소년이고 이 사람들이 찾고 있어요. ... 그리고 물고기와 무언가가 있어요. (그 사진을 내려놓고 뒤에 있는 사진을 집어든다.)

레이시: 이 사진에 대해 어떻게 생각하니?

잭스: 예수님 사진이에요. 그리고 한 소녀와 꽃. 그녀는 그 꽃을 원해요.

레이시: 아, 알겠어. 그녀는 그 꽃을 원해.

잭스: 그들에게 있는 사랑과 친절. 둘 다에게 어느 정도의 사랑과 친절이 있어요.

알겠어요? (예수님의 웃는 얼굴을 가리킨다.) (그가 사랑과 친절이라는 단어를 사용하는 것을 듣고 놀랐다. 내가 마음속으로 어떤 가정을 했기에 이 아이가 이 두 단어를 사용하는 것을 보고 놀랬는지 의아해 한다.)

잭스: 다 봤어요. (사진을 제 자리에 놓는다.)

레이시: 또 어떤 이야기를 하고 싶니?

잭스: 약속한 상담을 받으러 갔어요. 너무 많은 이야기. 그리고 나서 저는 아버지와 아버지 여자친구인 사라와 함께 쇼핑을 갔어요. 장난감을 선물로 받았어요. (뒤로 손을 뻗어 그가 가져온 장난감을 나에게 보여 준다.)

레이시: 하루 중 가장 좋았던 일은 뭐니?

잭스: 장난감이 아니에요. 아빠와 사라와 함께 시간을 보낸 일. 피곤해서 말하기 싫어요.

레이시: (나는 그가 말을 해야 하는 질문을 하고 있다는 것과 그가 말하고 싶지 않았다는 것을 깨닫는다. 그가 말할 필요가 없는 무언가를 발견하려고 노력한다.) 거품 놀이 할까?

잭스: (얼굴이 밝아지고 피로가 잠시 물러가는 것처럼 보인다.) 응.

레이시: 거품 놀이를 통해 말없이 기도할 수 있어. 하나님께 드리는 기도를 느낄 수 있고 거품을 통해 그것을 날려 드릴 수 있어. 네가 걱정하는 일, 너를 슬프게 하는 일을 날려 드릴 수 있어. 하나님이 너를 도우실 때 필요한 것들을 하나님께 날려 드릴 수 있어. 하나님께 "감사합니다"라는 표현을 날릴 수 있어. 거품 놀이는 말없이 하나님과 말하는 것과 같아.

잭스: (거품이 든 병을 기분 좋게 받아 한 번 불고 멈춘다.) 제 기도를 들어주세요. (이렇게 기도를 위해 자기 손을 편채로 있다.)(다음 10분에서 15분 동안 나는 담요 위에 앉아 있고, 잭스는 가장자리에서 떨어져 있는다. 나는 그

가 분 거품들을 잡기 위해 손을 뻗는다. 우리는 많은 말을 하지 않는다. 그러나 우리는 웃고 거품 생김새와 색상을 보고 기뻐한다. "와", "예쁘다"와 같은 표현으로 기도한다. 그는 이 일에 완전히 몰두한다. 그에게서 기쁨을 볼 수 있다.)

잭스: 기도를 다 마쳤어요.

레이시: 좋아.

　　　축복의 말 해 줄까?

잭스: 아니요. 내 것은 여전히 여기에 있어요. (그의 손을 가리킨다. 나는 그가 다룰 수 있는 모든 촉각적 자극을 받았다는 것을 안다.)

레이시: 나에게 알려 줘서 기뻐.

　　　축복의 말 해 줄까?

잭스: (고개를 끄덕인다.)

레이시: 잭스, 하나님은 너를 매우 사랑하셔. 하나님은 너와 항상 같이 계셔. 하나님은 절대로 너를 떠나지 않아.

이 만남을 회고하면서 나는 때때로 그 '하나님의 연결'(God connections)을 강박적으로 찾고 그것을 불러내고 싶어한다는 것을 알아차렸다. 하지만 잭스는 그럴 능력이 거의 없었다. 처음에 거품을 제안했을 때 나는 5분 동안 지속할 것으로 예상했다. 대신에 그는 거의 15분간 기도했다. 5분 쯤에 나는 몸을 기대고 놀아야 한다고 나에게 말했다. 나는 의도적으로 짜여진 시간대로 하지 않고 잭스와 함께 있기 위해 놀아야 했다. 놀이와 기도는 비슷하다. 잭스는 '그의 기도를 듣도록' 같이 놀자고 나를 초대했고, 그의 기도는 마치 내 몸에 있는 것 같았다. 피상적인 기도는 종종 말로 표현할 수 없고, 집에서 놀면서 하는 기도가 의미 있는 기도이지 않나 생각한다.

3) 세션 3

잭스는 잔뜩 긴장한 상태로 들어왔다. 그는 공격적인 자세를 취하고 대화를 시작하고자 했다. 평소와 같이 거리를 유지하고 담요 가장자리에 무릎을 꿇었다. 우리는 같은 방식으로 시작했고 잭스는 다섯 개의 돌을 선택했다. 그는 각 돌에 대한 이야기를 하는 대신 모든 돌을 포함하는 하나의 이야기를 했다. 그는 마음 돌, 상한 마음 돌, 눈과 같은 두 개의 점이 있고 불안한 입과 같은 구불구불 한 선이 있는 돌, X 돌 그리고 마지막으로 눈물 모양의 돌을 선택했다. 잭스는 자신의 거룩한 경청 돌에 대한 이야기를 시작했다.

잭스: 저는 행복했어요.

레이시: 왜지?

잭스: 우리가 여기 같이 있고, 이곳은 같이 있기에 좋은 곳이기 때문이죠. 그런데 이런 것도 있었어요.. (상한 마음 돌을 가리킨다.)

레이시: 이게 뭐지?

잭스: 상한 마음이에요.

레이시: 음, 상한 마음.

잭스: 그들은 나보고 읽으라고 해요. 저는 읽고 싶지 않아요. 저는 읽을 수 있어요.. 하지만 저는 읽고 싶지 않아요. 그리고 저는 이것이에

요. (바위 위의 얼굴을 가리킨다.) 다음은 이것이었어요. (X 돌을 가리킨다.)

레이시: 이 얼굴에 대해 말해 줄 수 있겠니?

잭스: 화났어요. 그때 저는 이것이었어요. (눈물을 가리킨다.)

레이시: 슬프니?

잭스: 예. 그러나 이것으로 바뀌어요. (눈물 돌을 거꾸로 뒤집는다.)

레이시: 이해할 수 있게 자세히 설명해 주겠니?

잭스: 비. 비는 사물에 물을 주기 때문에 좋아요. 저는 여기에 머물고 싶어요. 이곳은 좋은 곳이에요. 떠나고 싶지 않아요. 여기는 좋은 곳이에요.

레이시: 헤이븐 하우스 말이니? (고개를 끄덕인다.)

가고 싶지 않은 곳은 어디니?

잭스: (돌을 바라보며 잠시 침묵한다.) 아무것도 아니에요. 더 이상 말하고 싶지 않아요. (뭔가 분명 잭스를 괴롭히고 있지만, 그가 그것에 대해 더 이야기하고 싶지 않다면 그냥 놔두는 것이 낫다. 밀어붙여서는 안 된다. 영적 대화는 팔꿈치에서 일어난다. 나는 성령님이 내가 갈 수 없는 곳에 가실 수 있다는 것을 안다. 곰곰이 생각해 보면 그는 자기 방식으로 두려움을 말했다. 나는 이해하기 힘들지만 성령님은 모든 상황을 들으신다.)

레이시: 오늘 새로운 것을 시도해 볼래? (잭스가 고개를 끄덕인다.)

이것이 있어. (나무로 된 선한 목자 장난감 세트와 푸른 펠트 연못처럼 보이기도 하고 풀이 무성한 지역처럼 보이는 펠트 시트.)

내가 이야기를 하는 동안 이것들을 가지고 놀 수 있겠니?

잭스: 네. (앞에 물이 있고 뒤에 풀이 있는 각 조각을 천천히 제자리에 놓는다. 사자를 양과 함께 놓는다. 그 후 그는 멈춰 서서 나를 본다. 아마도 사자에게 무

엇을 해야 할지 알려 주는 것 같다.)

레이시: 원한다면 계속해서 이것들을 가지고 놀 수 있어. 네가 하고 싶은 대로 해.

잭스: 네. (나는 시편 23편을 어린이용 성경으로 두 번 읽었다. 잭스는 아무 말 없이 조각들을 가지고 논다. 그는 아무 소리도 내지 않고 나에게 분명하게 뭔가를 말하지도 않는다. 마치 내가 여기에 없는 것처럼 행동한다. 눈에 띄게 놀지는 않는다. 다른 조각들은 없다. 사자는 양과 같이 있고, 갈등은 없다. 평소에는 뻣뻣하고 담요에 무릎 이상이 들어오는 일이 거의 없는 잭스가 옆으로 눕기 시작한다. 노는 동안 그는 조각들을 담요의 중앙으로 점점 더 많이 가져오고 자기 몸도 담요에 더 많이 들어온다. 나는 시편을 한 번 더 읽었고, 결국 그의 발만 담요에서 벗어났다. 그는 담요 위에 누워 조용히 조각들을 가지고 논다. 우리 둘 다 한 마디도 하지 않는다. 잠시 후 그는 기도를 부탁한다.)

레이시: 어떻게 기도하고 싶니?

잭스: 또 거품?

레이시: 응.

잭스: 제 기도를 다시 잡으세요.

레이시: 이번에는 하나님께 큰 소리로 이야기하고 싶니? (아마도 그의 내면의 대화를 듣고자 너무 무리한 것 같다.) (잭스는 첫 번째 거품을 불기 전에, 내가 이해할 수 없는 방식으로 그러나 인상 깊게 속삭였다. 이해했다. 그는 큰 소리로 기도하고 싶지 않았다.)

레이시: (나는 거품들을 잡고 있다.) 하나님께 불 때, 너를 슬프게 하는 것을 날려 버릴 수 있어. 필요한 것을 하나님께 날려 버릴 수 있어. 걱정을 날려 버릴 수 있어. 너를 화나게 하는 것을 날려 버릴 수도

　　　　있어. (거품을 불 때마다, 잭스는 심호흡을 한다. 호흡 자체가 잭스와 하
　　　　나님을 연결하는 것 같다. 말이 필요 없고 호흡이면 충분하다.)
　　잭스: 이제 축복을 받을 수 있어요?
　　레이시: 물론이지.

　설명할 수 없거나 설명할 의지가 없는 많은 일이 잭스 안에서 일어난다. 그러나 우리가 함께한 시간이 끝날 무렵, 잭스는 쉬고 있다. 담요 위에 있는 그의 몸 전체가 선한 목자와 상호 작용한다. 선한 목자는 연결하고자 하는 잭스의 열망에 응답한다. 나는 아이의 내면에 숨어 있는 것이 선물임을 이해한다. 그것은 참견하기 좋아하지만 선의로 행동하는 어른이 어린이가 하나님과 일찍이 관계를 맺는 것을 방해하지 못하게 한다. 잭스에게 있어 놀이는 신성한 언어, 선한 목자가 분명하게 말하는 언어다.

4) 세션 4

　이번에는 잭스가 담요 위에 들어와 앉아 있다는 것을 제외하고는 평소와 별반 다를 바 없이 시작한다. 잭스는 상담 약속이 있어서 오래 머물 수 없다고 한다.

　　잭스: 이번에는 돌 대신 실리퍼티(Silly Putty)를 사용해도 될까요?
　　레이시: 물론이지.
　　　　하나님이 너에게 말씀하신 시간을 조각해 보는 것은 어때?

잭스: (시간을 갖고 조각하기 시작한다.) 하나님은 오늘 했어요. 오늘 아침에 제가 자고 있을 때 태양은 창문에 있었어요. 아니, 창문에 있었던 것이 아니라, 창문으로 들어 왔어요. 저 위 하늘에서 내 방까지 화살처럼 곧은 빛처럼. 이렇게 (나에게 그의 조각품을 보여 준다.) 위아래로 가리키는 이 화살처럼. 빛이 위아래로 움직여요. 그리고 하나님은 "나는 모든 사람을 사랑한다"고 말씀하셨어요. (우리는 몇 초간 말없이 있다. 그리고 그가 실리퍼티를 통해 말하는 이야기를 받아들이다.)

레이시: 기분이 어땠어?

잭스: 기뻤어요.

레이시: 기쁨은 어떤 모습이야?

잭스: 그것은 저와 같아요.

레이시: 하나님이 사랑하시는 "모든 사람"은 누구니?

잭스: 저도 포함돼요. (그때 누군가가 방으로 들어와 상담원이 잭스를 만나러 왔다고 전한다.)

레이시: 떠나기 전에 축복해 주고 싶은데, 괜찮겠니?

어린이는 놀면서 사물을 통해 내면의 삶을 투영한다. 결과적으로 그들의 투영은 영적 대화를 돕는 유용한 도구인데, 이는 그것이 그들 내면 삶의 일부를 낮의 빛과 그들의 말을 경청하는 어른의 기도에 드러내기 때문이다. 어린이는 종종 놀이 중에 가장 절박한 감정이나 필요를 투영한다. 즉, 가지고 노는 물건과 놀이의 특성이 어린이의 감정이나 필요를 반영한다. 어린이는 걱정과 슬픔, 기쁨과 승리를 마음껏 펼친다. 또한, 자신의 삶에서 하나님, 자아, 권위 있는 인물에 대한 인식을 표출한다. 그들은 종종 같은 주제를 가지고 반복해서 논다. 어린이가 놀면서 특정 주제에 대한 탐색을 중단할 때, 어른은 어린이가 당분간 자신을 만족시키는 해결책을 찾았다고 가정할 수 있다. 놀이는 어린이가 하나님과 접촉할 수 있게 해 줄 뿐만 아니라 자기 내면의 지혜와 접촉할 수 있게 해 준다. 어른이 이런 신성한 인식과 진행을 목격하도록 허락될 때, 그 방은 거룩한 장소가 된다.

3. 실제 놀이와 투영

어린이와 영적 대화는 어린이가 있는 곳에서 시작한다. 어린이와의 거룩한 경청회를 시작할 때 우리는 함께 그 공간에 들어간다. 우리는 신발을 벗고 흰 담요 위에 앉는다. 나는 어린이에게 배터리로 작동하는 양초를 켜게 하고, 빛이시고 선한 하나님에 관하여 알려 준다. 이곳은 우리가 물리적으로 있는 곳이다.

그런 다음 "예수님과 나" 이미지를 사용하게 한다. 사랑하는 친구이자 예술가인 제넷 페르난데스(Jeannette Fernandez)가 그린 이 이미지는 게임, 독서, 야외 놀이 및 학교와 같은 일상적인 상황에 있는 어린이를 묘사한다. 또한, 어린이가 공통적으로 느끼는 몇 가지 감정, 즉 소외된 외로움, 어른들이 싸울 때의 두려움, 버림 받음 그리고 위안을 묘사한다. 이 그림 각각에는 전통적인 방식으로 묘사된 예수님이 있어 많은 어린이가 쉽게 식별할 수 있다. 예수님과 어린이는 어린 시절의 맥락에서 함께 나타난다. 어린이는 행복이나 슬픔, 두려움이나 안전, 외로움이나 기쁨과 같은 감정을 표현한다. 예수님을 통해 어린이는 삼위일체를 구체적으로 접한다. 어린이가 이 이미지들을 뒤적거릴 때, 그것들에게 있는 생각이나 감정을 투영한다.

"이 사진 중 어떤 것에서 자기 모습이 보이는가?" 또는 "이 사진 중 어떤 것이 마음에 들거나 행복하게 하거나 슬프게 하는가?"와 같은 질문은 대화를 시작하기에 적합하다. 이것은 그 순간에 아이의 정서를 잘 표현한다. 또한, 어린이가 있는 곳에 하나님도 함께 계시다는 것을 확증한다.

어린이는 이미지를 선택한 후 촛불 근처에 놓는다. 어린이가 그렇게 하면 왜 그렇게 했는지 말로 자세히 표현하라고 요청한다. 경청자는 이런 질문을 할 수 있다.

"이 이미지가 어떻게 느껴지니?"
"이 그림의 어떤 점이 마음에 드니?"
"이 그림에서 너는 어디에 있니?"
또는 "이 그림에 대한 이야기를 해 줄 수 있겠니?"

본질적으로 이미지는 어린이가 원하는 것을 요구하도록 자기 의도를 말하게 도와준다. 하르트는 설명한다.

> 의도는 또한 사색하는 눈을 여는 데 도움이 될 수 있다. 그래서 많은 영적 전통은 어떤 형태로든 '구하라 그러면 받을 것이다'라고 조언한다. 내적 질문에 초점을 맞추는 것은 라디오 수신기를 듣고 싶은 방

송 주파수에 맞추는 것과 같다.[4]

어린이와 영적 대화에서 투영은 어른이 더 정확하게 듣고 이에 맞추어 조정하는 데 도움이 되는 도구다.

많은 어린이가 슬픔과 상처를 직접 경험한다. 그들 삶에 존재하는 이 하나의 형성 요소는 작은 소망의 빛을 어둡게 함으로써 하나님의 역사하심을 알아차리지 못하게 할 수 있다. 예수님의 삶을 연기함으로 어린이의 외로움에 위안과 우정을 가져다줄 수 있다.

어떤 대림절 주일에 아이들은 이를 분명히 보여 주었다. 우리는 성탄절 이야기로 놀이를 하고 있었다. 블록으로 여관과 헛간을 만들고 나무로 된 아기 예수, 마리아, 요셉, 양치기 그리고 동물을 가지고 성탄절 이야기를 재생했다. 아이들은 마리아와 요셉이 여관에 묵을 수 있냐고 묻지만 거절당하는 장면을 재생하기로 했다. 아이들이 집 없는 자신들의 상황을 마리아와 요셉에게 투영했을 때 가슴 뭉클하고 감동적인 순간이었다. 한 소년은 말했다.

"예수님도 집이 없었는 줄 몰랐어요."

그가 집이 없는 사람이 된 기분이 어떤지 이야기하는 동안, 나는 그가 예수님과 이야기하는 것이 어떻겠느냐고 물었다. 그는 고개를 끄덕였고 그가 놀이를 하고 기도하는 동안 우리는 몇 분 동안 말 없이 지켜보았다.

---

4   Tobin Hart, *The Secret Spiritual World of Children: The Breakthrough Discovery That Profoundly Alters Our Conventional View of Children's Mystical Experiences* (Novato, CA: New World Library, 2003), loc. 849, Kindle.

우리는 헤이븐 하우스의 아이들이 슬픔과 상처에 대한 경험이 드물다고 생각할 수도 있지만, 그것은 사실이 아니다. 대부분 어린이는 슬픔과 비탄과 상처를 경험했다. 단지 헤이븐 하우스의 아이들이 겪었던 것만큼 심각하지 않을 뿐이다. 예를 들어, 여덟 살 소녀 켄달(Kendal)은 한 아이를 고친 예수님 이야기를 연기했다. 그녀는 말했다.
"늙어서 할머니처럼 죽을 때의 그 아이가 바로 저에요."

켄달은 삶과 죽음, 질병과 치유에 관한 그녀의 질문을 다루었다. 그러면서 자신의 두려움을 놀이에 투영하고 예수님이 그 두려움을 만날 수 있도록 했다. 모든 어린이는 내면의 소리를 들어주는 사람이 필요하다.

4. 창조적 놀이

어린이는 창조적으로 놀이를 할 수 있다. 수채화 물감, 수채화 용지 또는 점토와 같은 미술 재료는 투영에 사용될 수 있다. 예수님에 대해 잘 알지 못하거나 예수님과 관련이 없는 다른 종교 전통에 머물러 있는 어린이는 자신의 말을 잘 경청하는 어른이 필요하다. 어린이가 자신이 경험한 선, 아름다움 또는 진리에 대한 이야기를 말하는 무언가를 그리거나 만들도록 하는 것은 투영의 유익을 잘 압축하여 잘 전달한다.

또한, 이런 창조적 행위를 통하여 어린이를 자기 창조자와 연결한다. 어린이는 창조하는 사람으로 태어나고 자신을 표현할 수 있는 거의 모든 것을 만들거나 형성할 것이다. 레고 블록은 아이들이 하나님과 소통할 수 있게 하는 훌륭한 매개체다.

어린이의 이야기를 들을 때, 놀이를 하고 무언가를 창조하는 행위는 감정에 관한 픽사(Pixar) 영화인 <인사이드 아웃>(Inside Out, 2015년)에 나오는 등장인물들의 이야기를 상상하는 것처럼 보일 수 있다. 이 영화는 분노, 슬픔, 기쁨, 두려움 또는 혐오감에 대하여 말한다. 마치 나무 장난감으로 예수님의 일생을 이야기하는 것처럼 보일 수도 있다. 실존적 질문을 탐구하면서 젠가 게임을 하는 것처럼 보일 수 있다. 상상력을 통한 놀이는 아이들이 외부 세계와 "의미에 대한 자기 내적 인식"(inner perception of meaning)을 통합하는 데 도움이 된다.[5]

곰곰이 생각할 문제

다음은 하나님, 다른 사람 또는 자신과의 대화를 위한 주제를 제안한다. 어린이가 하나님과 대화를 하기 위해서는 활동을 해야 하므로 이런 활동이 대화가 되게 하라.

- 어린이가 노는 모습을 관찰할 수 있는 장소를 찾으라. 지역 교회의 보육원이나 유치원을 알아보라.

---

[5] Vivienne Mountain, "Four Links Between Child Theology and Children's Spirituality", *International Journal of Children's Spirituality* 16, no. 3 (August 2011): 266.

어린이가 노는 동안 "듣는" 방법을 배우려고 한다는 것을 설명하면서 반드시 허락을 받으라.

- 관찰할 때, 자신의 생각이나 느낌을 주목하라.
  자신의 어린 시절 경험이 떠오르는가?
- 당신의 주의를 끄는 한 어린이를 주목하고 그 어린이가 말하는 것을 "듣게" 도와 달라고 성령님께 기도로 간구하라.

어떤 갈망이나 바라는 것이 들리는가?
어린이의 말을 들으면서 이 어린이를 위해 기도하라.

- 당신에게 노는 법을 가르쳐 줄 아이를 찾으라. 그는 가족 구성원일 수도 있고 가족의 친구일 수도 있다. 그 어린이에게 노는 법을 가르쳐 달라고 요청하라.
  당신이 놀 때, 어린이가 노는 활동을 선택하고 당신을 지시하게 하라.

- 노는 동안 공명과 저항에 주의하라.
- 시간을 놓쳤을 때 주의하라.

- 어렸을 때 하고 싶었던 것 중 한 가지는 무엇인가?
  춤, 말타기, 그림 그리기를 좋아했는가?
  시간을 내서 이 놀이를 연습해 보라.

제6장

성령님께 주목하기

> 하나님의 임재는 작고 통제 가능한 분량으로 나누어질 수 없다.
> 그것은 언제 어디서나 온다.
>
> - 제롬 베리먼(Jerome Berryman) -

14세 소녀들은 종종 바닥에 앉아서 시작하지 않는다. 대부분은 어른이 되고 싶은지 아니면 어린이로 남기를 원하는지 확신하지 못한다. 그래서 그들은 의자를 선택한 다음 장난감이 있는 바닥이 안전하다는 것을 확인한 다음 그곳으로 이동한다. 바닥에 앉을 것인지 의자에 앉을 것인지 묻는 말에 조안나(Joanna)는 놀랍게도 바닥을 선택했다. 그녀는 거룩한 경청 돌들을 가방에서 꺼내어 쏟아 버린 후 각 돌을 가지고 자기 이야기를 하기 시작했다. 그녀의 이야기는 특별하지 않았다. 날카로운 감정, 드라마, 눈에 띄는 친절한 행동, 슬픔이나 두려움이 없었다.

그러나 그녀가 묘사한 각 이야기에는 고요한 아름다움이 있었다. 그녀의 이야기가 끝났을 때, 나는 그녀에게 묵상의 종을 울리고 모든 소리가 사라질 때까지 귀를 기울인 다음, 심지어 더 깊이 귀를 기울이고 그녀에게 있었던 사건을 통해 하나님이 말씀하시는 것을 듣는 것이 어떤지 물었다. 그녀는 나의 제안을 기꺼이 받아들여서 종을 울렸고 우리는 마음을 열어 들었다.

 몇 분 후 침묵을 깨고, 조안나(Joanna)가 마침내 입을 열었다.

 "눈물이 날 것 같아요. 하나님은 저를 사랑하세요. 그래서 저는 정말 행복해요."

 어린이와 나누는 영적 대화에서, 어린이의 말에 귀를 기울이는 어른은 성령이 어린이의 삶에서 어떻게 역사하는지 주목한다. 성령의 역사는 14세 소녀의 일상에서 나타난 고요한 아름다움으로 비칠 수 있다. 성령의 역사는 또한 우리를 눈물 흘리게 하는 하나님 사랑에 대한 각성처럼 보일 수 있다.

1. 어린이 삶에서 성령에 참여하기

 어린이의 말에 귀를 기울이는 어른은 기도의 사람이 됨으로, 보고 듣는 법을 배운다. 어른은 기도 연습을 계속 함으로 마음과 생각을 성령의 역사에 맞추는 법을 배웠다. 확실히, 어른은 조율의 기술을 터득하지 않지만, 항상 의도적으로 성령에 주의를 기울이는 법을 배우고 있다. 의도적 학습은 우리의 의지와 자원을 사용하여 묵상 기도하는 자세를 함양하는 것을 의미한다. 나처럼 묵상이라는 단어를 잘 받아들이지 않는 전통에서 자랐다면 그것이 무엇을 의미하는지 의아해할 것이다.

묵상은 경청하는 자세를 의미한다. 그것은 우리의 귀를 하나님 마음에 집중하게 하는 방식이다. 어린이와 함께한 경청자는 어린이의 세계를 포함하여 주변 세계뿐만 아니라 자기 마음의 고요함 속에서 성령의 음성을 듣는 법을 배운다.

어린이와 함께 경청하는 동안, 성령은 최소한 두 가지 주요 방법으로 활동한다.

첫째, 성령의 충만한 임재를 통해 활동한다. 듣고, 놀고, 만들고, 인식하고, 반응하는 모든 것이 성령을 통해 그리고 성령으로 인해 발생한다. 영적 대화 그 자체가 하나님을 체험하는 것이다. 성령은 또한 어린이의 광대한 삶을 향한 사랑의 관심을 통해 활동한다. 어린이가 하나님을 경험한 것에 관해 이야기할 수 있는 환경을 만들어 주면, 어린이가 미래에 성령을 식별하고 경험할 수 있도록 그들의 뇌에 신경학적 발자국을 남길 수 있다. 인간은 평생 성령을 경험한다. 그러나 이런 경험을 식별하고 성찰하지 않으면, 일상생활 속에 묻힐 수 있다.[1]

어린이의 말을 경청하는 어른이 어린이의 삶에서 성령의 역사를 알아차리려면 통제와 기대를 어느 정도는 느슨하게 해야 한다. 어른은 하나님이 임재하신다는 것을 알고 하나님이 말씀하실 것을 기대하고 어린이의 말에 귀를 기울이기 시작한다. 동방정교회 사제 존 올리버(John Oliver)는 말한다.

---

1 Edward Robinson, *The Original Vision: A Study of the Religious Experience of Children* (Oxford: Religious Experience Research Unit Manchester College, 1977), 145.

> 우리는 존재가 있는 모든 것의 근원이 하나님일 뿐만 아니라 하나님은 선하시므로 모든 것이 근본적으로 선하다는 것을 확언한다.[2]

근본적 선함에 주목하는 행위는 아름다움, 선함 그리고 진실의 경험에 귀를 기울이는 것을 포함한다. 그것은 또한 부드러움의 성격을 지닌 진정성의 순간에 귀를 기울이는 것을 포함한다. 진정성의 순간은 슬픔이나 고통의 존재에서도 흘러나온다. 성령은 이런 각각의 경험에서 어린이를 만나 하나님과 자신에 기초한 확신이나 친구에 대한 연민과 형제자매에 대한 온유함으로 나타나는 위안을 제공한다.

어른은 또한 어린이의 말을 들으면서 하나님과 깊은 평화를 맺게 도울 수 있다. 이 평화는 "피상적인 쾌감이나 기분 좋은 상태나 단순한 행복이 아니다. … 그것은 하나님 품에서 쉼으로 인해 흘러나오는 심오한 안녕과 생동감이다."[3] 어린이는 이 평화를 "마지막 퍼즐 조각을 넣었을 때의 느낌", "그네를 타고 높이 올라가자 그곳에 하나님이 계시는 것과 같은 느낌", "어머니 무릎에 누웠을 때의 느낌", "할아버지 옷에서 나는 편안한 느낌", "뽑히지 않은 아이가 뽑혔을 때의 기분", "어려운 수학 문제 때문에 끙끙 앓고 있을 때 선생님이 도와주었을 때의 기분"으로 설명한다. 어린이가 이 평화에 귀를 기울이고 그것을 성령의 증거로 받아들일 때, 어려운 일을 당할 때도 하나님과 교제할

---

2 John W. Oliver, *Giver of Life: The Holy Spirit in Orthodox Tradition* (Brewster, MA: Paraclete Press, 2011), 53.
3 Trevor Hudson, *The Holy Spirit Here and Now* (Nashville: Upper Room Books, 2013), 80.

수 있다. 인생의 결정을 내릴 수 있고, 외로울 때 소망을 품을 수 있다.

확실히, 성령은 "사랑, 희락, 화평, 오래 참음, 자비, 양선, 충성, 온유, 절제"라는 열매를 어린이의 인생에서 맺게 하실 것이다(갈 5:22-23). 우리는 이 열매를 듣고 그것을 보며 이름을 지을 수 있지만, 그 열매를 목표로 삼지 않는다. 나의 친구이자 목사인 폴라 프로스트(Paula Frost)는 어린이의 영성에 관해 말한다. 우리는 "열매가 아닌 뿌리에 물을 준다." 뿌리는 아이와 하나님과의 관계이고 물뿌리개는 듣는 것을 의미한다.

아이들과 함께 성령의 역사에 참여한다는 것은 어른이 일의 결과를 하나님의 손에 맡긴다는 뜻이다. 처음으로 어린이의 마음에 사랑을 속삭인 분은 성령님이시다. 그리고 성령님은 궁극적으로 형성과 변화를 책임지신다. 경청하는 어른이라면 행동 수정과 같은 결과를 목표로 해야 한다. 영적 대화는 아이들이 이미 흐르고 있는 생수의 강물을 마시는 데 도움이 된다. 생수의 강물을 마심으로 인해 발생한 결과는 성령님께 달려 있다.[4]

우리는 성령님이 어린이와 관계를 발전하기 위해 사용하는 방식이 그 어린이에게 고유하며, 확실히 각 사람에게 고유하다는 것을 항상 염두에 두어야 한다. 인간은 거의 모든 면에서 훌륭하게 다양하다. 따라서 우리가 성령과 관계를 맺는 방식도 마찬가지일 것이다. 어린이는 처음 혼자 자전거를 탈 때, 어른이 해 주는 위로의 말을 들을

---

[4] Sofia Cavalletti, *The Religious Potential of the Child: Experiencing Scripture and Liturgy with Young Children* (Chicago: Liturgy Training Publications, 1992), 9.

때, 고양이의 울음소리를 들을 때, 무작위로 조합된 레고(lego) 창조물 앞에서, 연필깎이를 하는 친절한 동료 학생과 있을 때, 어두운 거리의 고요한 불빛 아래서 또는 맥 앤드 치즈의 맛을 느낄 때 등등(목록은 끝없이 많다), 얼굴에 스치는 바람을 느끼며 하나님을 경험할 수 있다. 이들 각각은 각자의 방식으로 하나님과 더 깊은 경험 및 관계로 이어질 수 있다. 그 경험이 하나님과 함께하는 순간으로 이해되고 그 의미를 알 때, 하나님과의 관계가 더 깊어진다.

둘째, 성령님은 또한 참회하게 역사한다. 처음부터 각 어린이를 형성하고 아시는 성령님은 항상 어린이를 가장 참된 자아로 다시 부르신다. 어린이는 살면서 불안, 동요 그리고 그 순간 아이가 구현하고 있는 것이 무엇이든 옳지 않음을 확신할 수 있다. 어린이는 이런 영혼의 불균형을 확실히 느낄 수 있다. 우리는 어린이가 통회하도록 조종하거나 압박할 필요가 없다. 우리는 어린이가 이미 느끼는 것을 다룰 수 있는 안전한 환경을 조성하는 데 도움을 주기만 하면 된다.

우리는 우리의 태도와 같이 어린이 곁에 같이 있어 주는 행위를 통해, 그들을 정죄하지 않으면서, 그들이 "미안합니다"라고 편안하게 말할 수 있게 하면 된다. 명백히 말해서, 판단을 내리거나 시정하는 것은 어린이의 말에 귀를 기울이는 어른이 해야 할 일이 아니다. 그렇게 할 다른 어른이 어린이에게는 있다. 경청하는 역할은 두 팔 벌려 아이들을 환영하신 예수님의 환대를 구현하는 행위다.

2. 메이시(Macey)의 통회

헤이븐 하우스의 7월은 무척이나 더운 날이었다. 더위와 에어컨 부족으로 인해 우리는 야외 떡갈나무 아래에서 거룩한 경청 시간을 가졌다. 잔디 위에 담요를 깔고 나와 메이시는 그 시원하고 거룩한 공간으로 들어가 함께 앉았다.

그녀는 "저는 돌이 필요하지 않아요"라고 시작하기도 전에 말했다. "오늘 무엇을 말해야 할지 알아요."

나는 이미 내 능력을 넘어선 것임을 알고 성령의 도움을 구하는 기도를 했다. 메이시는 25세처럼 보이는 11세 소녀였다. 그녀는 자기 실제 나이와는 달리 성숙해 보였을 뿐만 아니라 어떤 아이도 짊어질 수 없는 경험을 했다. 그녀는 강경하고 굴하지 않으며 못처럼 강했다.

그녀의 파란 손톱이 우리 담요 가장자리를 찔렀다.

"엄마가 저에게 하는 온갖 헛소리는 다 알잖아요. '너는 이 시간에 여기 있어야 해. 안 돼. 그렇게 할 수 없어. 옷 갈아입어라.' 기타 등등. 엄마가 그렇게 할 때마다, 저는 미칠 것만 같아요. 엄마가 안 계실 때, 저녁 요리를 하는 사람은 저예요. 미시(Missy)가 숙제를 다 했는지 점검하는 사람도 저예요. '저는 엄마가 싫어요. 제 마음대로 할 거에요'라고 말하고 싶어요. 사실, 그랬어요. 마침내, 그렇게 말했고, 엄마 지갑을 훔쳤어요."

"그래서 네가 하고 싶은 말을 했고 지갑을 훔쳤다는 거니?"

나는 그녀가 입은 상처를 내가 판단하지 않는다고 여길 수 있게, 내 말을 추가하지 않고, 그녀가 한 말을 조심스럽게 되풀이하여 물었다.

"네, 몇 시간 후에 다시 돌려줬고, 지갑에서 아무것도 가져가지 않았지만, 어쨌든 지갑을 훔친 건 맞아요. 엄마와 한 이 싸움에 대해 기분이 좋기도 하고 나쁘기도 해요"라고 그녀는 말했다. 다시, 나는 그녀가 "좀 좋기도 하고 나쁘기도 하다"라는 말을 들을 수 있게 그녀의 말을 반복했다. 우리는 종종 자기 말을 듣지 않는다. 우리는 다른 사람이 말하는 것을 듣고 그들이 말한다고 여기는 것을 듣는다. 특히, 어린이는 자신이 말하고 생각하고 원하는 것에 대해 숙고할 기회가 거의 없다.

"좋아요, 제가 말한 것이 진실이고 왜 제가 엄마 지갑을 훔쳤는지 잘 모르겠어요. 이것은 나쁜 일이에요. 너무 멍청한 일이에요."

나는 이 상처들 아래에 어떤 감정이 있는지 조금 더 들어본 다음 물었다.

"기도 도구를 사용하여 좋은 점과 나쁜 점에 관해 하나님과 이야기하고 싶니?"

그녀는 좋다고 했다. 그녀는 모래 쟁반과 자기가 찾은 몇 개의 막대기를 사용하여 이 자연스럽게 변화하는 임시 매체에서 자기 반응을 휘갈겨 썼다.

"이제 다 했어요."

그녀는 손을 휘저으며 고백의 흔적을 지우겠다고 선언했다. 메이시는 자신의 가장 비밀스러운 부분을 구체적으로 밝히지 않았다는 성령의 확신과 함께 거룩한 경청에 이르렀다. 그녀는 반응해야 했고, 즉각적으로 따르는 것, 위안 그리고 평화를 받아야 했다. 내가 그녀의 손등에 축복의 연고로 켈트 십자가를 그렸을 때, 그녀는 자기 말을 경청해 줘서 고맙다고 축복의 말을 해 주었다. 그녀는 안도의 한

숨을 내쉬며 말했다.

"기분이 정말로 많이 좋아졌어요."

3. 자기 내적 역사에 참여하기

아이의 삶에서 역사하시는 성령의 움직임에 주의를 기울이는 동안, 어린이의 말을 경청하는 어른은 또한 자기 인생에서 역사하는 성령의 움직임을 주목한다. 성령은 경청하는 어른이 영적 지시와 같은 성인 경청 관계에 있게 유익을 준다. 어린이와 영적 대화는 어린 시절의 상처와 하나님과의 경험을 열어 줄 수 있다. 경험 안에 그리고 경험을 통해 살 수 있게 해 주는 안전하고 유능한 대화 상대가 있으면, 하나님과의 삶에 더 깊이 빠져들 수 있을 뿐만 아니라 어린이의 이야기를 더 잘 듣고 주의 깊게 들을 수 있다.

독일의 신학자 칼 라너(Karl Rahner)는 우리가 어린 시절의 자아와 청소년기의 자아를 성인의 삶으로 가져온다고 명쾌히 지적한다.[5] 하나님에 대한 우리의 경험, 사랑, 소속, 권위에 대한 이해는 어른이 되어서도 하나님을 경험하는 부분이다.

우리는 하나님 안에서 우리 자기 삶뿐만 아니라 우리가 경청하는 어린이를 위해 우리 자신의 내적 일을 한다. 신학 교수이자 가족 상

---

[5] Karl Rahner, "Ideas for a Theology of Childhood", *Theological Investigations* (London: Cox & Wyman, 1982), 3:33-50.

담 교사인 토마스 하르트(Thomas N. Hart)는 인간 학습의 많은 부분이 모형을 통해 이루어진다고 가르친다.[6] 특히, 어린이와 영적 대화에서 더욱 그렇다. 어린이의 말을 경청하는 어른은 하나님의 말씀에 경청하는 삶의 본보기가 된다. 우리가 듣지 못한 것에 귀를 기울이는 행위는 불가능하지는 않더라도 매우 어렵다.

어린이와 나누는 영적 대화의 목적은 하나님에 대한 교리적 지식을 얻기 위함이 아니다. 목적은 그 모습이 무엇이든 간에 이미 어린이 안에서 일어나는 살아 숨 쉬는 하나님과의 관계를 뜨겁게 유지하는 것이다. 어린이의 말을 듣는 동안, 우리는 어린이의 삶에서 역사하는 성령님께 주의를 기울이고 어린이가 신적 지각이라는 예술을 배우도록 돕는다. 그러나 그것은 아마도 제프리(Jeffery)가 말한 것에 더 가까울 것이다. 그는 어느 날 오후 거룩한 경청 시간에 발견하고 연구한 사마귀의 그림을 그리면서 말했다.

"그것은 우리가 하나님의 지문을 찾는 탐정과 같아요."

---

6 Thomas N. Hart, *The Art of Christian Listening* (New York: Paulist Press, 1980,) 45.

곰곰이 생각할 문제

다음은 하나님, 다른 사람 또는 자신과 나누는 대화를 위한 주제를 제안한다.

- 당신 인생에서 중요한 순간을 떠올려 보라. 그중 하나를 선택하여 하나님과 대화를 나누라. 다른 사람에 대한 사랑과 보살핌이 어떻게 그리고 언제 성령님의 설득에서 비롯되었는지 성령님께 보여 달라고 간구하라.

- 침묵에 중점을 둘 때 성령님께 귀를 기울일 수 있다. 우리가 하나님 앞에서 잠잠한 법을 배우지 않았다면, 어린이 앞에서도 잠잠할 수 없을 것이다.
하루에 15분에서 20분 동안 하나님 앞에 고요하게 침묵하는 시간을 가져라.
집에서 일어나기 전 이른 아침이 나에게는 좋은 시간이다. 당신에게는, 식구가 잠든 후 늦은 밤이 좋을 수도 있다.
하나님이 당신을 환영한다는 이미지를 마음속에 품으라.
생각, 느낌, 기억, 성향을 하나님 손에 맡기는 연습을 해라.
당신의 생각이 당신 마음속으로 내려가게 하고 하나님 앞에 단순히 거하라.

- 일상생활에서 성령님의 역사를 발견하는 연습을 해라.

  일상에서 성령님의 역사를 볼 수 있도록 성령님께 간구하는 것으로 하루를 시작하라.

  그런 다음 선함을 받았거나 선함을 표현한 순간을 찾기 시작하라.

  선함을 표현하는 아름다움, 창조된 것 또는 상호 작용의 순간을 감각을 통해 찾아라.

  무엇인가 진정성이 있고 취약할 때, 귀하고 사랑스러운 순간, 즉 진리의 순간을 찾아라. 위의 것들을 각각 한 후에 짧은 감사 기도를 드려라.

전인격적 기도

> 어린이의 이해력과 상상력을 억누르지 않고 풀어 줄 때,
> 그들의 영성이 성장한다.
> - 데이비드 헤이(David Hay) -

어린이는 모든 차원의 자기 인격으로 세상과 관계를 맺는다. 따라서 그들은 또한 그들 인격의 모든 차원으로 하나님과 관계를 맺는다. 어린이가 전인격적으로 얻는 영적 경험은 몸, 생각, 느낌, 의지, 영, 사회적 맥락이 하나님과 접촉함으로 일어난다.

제이콥(Jacob)은 두 달 동안 스카이프(Skype)를 통해 어른 경청자와 만났다. 그는 열 번째 생일에 어떻게 하나님을 경험했는지 설명했다.

저는 촛불을 끌 준비를 하고 있었습니다. 엄마 아빠를 포함한 모든 사람은 노래를 부르고 있었고 촛불은 너무 밝았습니다. 촛불에서 나오는 빛은 주황색과 파란색이었습니다. 저는 촛불을 끄기 위해 숨을 들이켰습니다. (그는 크게 숨을 들이마셨다) 그리고 그것은 하나님을 들이마시는 것과 같았습니다. 행복했고 함께하는 느낌이었습니다. 따뜻한 포옹과 같았습니다.

제이콥의 영적 경험에는 그의 몸(그가 숨을 들이쉬었다), 그의 생각과 감정(행복함, 함께함), 그의 의지(그는 그의 가족 및 하나님과 연결되기를 원했다), 그의 사회적 상황이(그의 가족과 친구들은 사랑과 배려의 전달자였다) 있었다.

1. 어린이의 차원들

어린이는 자신의 차원과 일치한 삶을 시작한다. 따라서 우리가 어린이를 동반하는 방법이 무엇이든 그들의 모든 차원을 포함해야 한다. 어린이에게는 생각과 감정이 있는 마음이 있다. 어린이에게는 하나님 및 선택 의지를 갈망하도록 연결되어 있는 영이나 마음이 있다. 어린이에게는 세상을 탐험하도록 만들어진 몸이 있다. 그리고 어린이에게는 상호 형성이 일어나는 사회적 맥락이나 가족과 친구가 있다.

예를 들어, 어린이는 포만감을 경험하는 것과 거의 같은 방식으로 지혜를 육체적 느낌으로 경험할 수 있다. 경이로움과 경외감은 어린이의 정서적 중심과 밀접하게 관련되어 있다. 어린이는 종종 놀라움과 경외심을 몸으로 표현한다. 크게 뜬 눈, 갑작스러운 침묵, 경이로움이나 경외감의 대상을 만져 보고자 하는 만족할 줄 모르는 호기심으로 표현한다.

대부분 어른이 세상의 가혹한 현실과 타협하기 위해 자아를 쪼개지만, 어린이의 자아는 그대로 남아 있다. 어린이가 어릴수록 자아의 차원이 더 많이 연결된다. 이것은 어린이가 각 차원을 통해 기도를 경험한다는 것을 의미한다. 어린이는 마음으로 기도를 생각하거나 느낄 뿐만 아니라 몸을 사용하여 기도하는 경향이 있다(예를 들어, 손가락 미로 사용). 또한, 가족과 친구를 통해 기도나 하나님과의 연결을 경험할 수 있다. 어린이의 경우 차원을 구분하는 선은 흐릿하고 중요하지 않다. 모든 것을 하나님과의 연결로 경험한다. 어린이와 유익한 영적 대화를 하려면 두 가지 행동이 필요하다.

첫째, 우리는 어른이 되어서 멀어진 우리 자신의 차원과 다시 연결해야 한다.

우리는 정신과 생각이 우리의 중심이 되게 했을 수 있고 우리 몸과의 통합에서 멀어져 왔을 수 있다. 하나님과의 만남은 우리 공동체나 사회적 맥락을 배제하고 지나치게 사적인 것이 될 수 있다.

둘째, 어린이를 관찰하라.

그들이 어떻게 다양한 차원의 인격을 가지고 세상과 하나님을 연결하는지 주목하라. 어린이에게 그들의 기도 방법을 가르쳐 달라고 부탁하라. 취약한 존재가 되고 당신이 현재 겪는 어려움을 조금이라도 공유하여 어린이의 공감과 선택 의지를 활성화하라(당신이 겪는 어려움이 어린이에게 적합한지 확인하라).

소외당하는 경험은 보편적인 것으로 성인과 어린이 모두에게 있다. 당신의 이야기를 조금 나누고 어린이에게 당신과 같은 감정을 느낀 적이 있는지 물어보라. 하나님이 어린이를 통해 당신에게 어떻게 말씀하시는지 주목하고, 하나님이 어떻게 당신과 함께하시는지 주목하라.

2. 기도하는 어린이

어린이는 기독교식 기도의 다양한 표현에 초대된다. 기도는 하나님과 대화하는 것으로 정의할 수 있지만, 어린이에게 있어 대화는 이미지를 공유하거나 감정을 공유하거나 노는 형태를 취할 수 있다. 어린이가 전달하고자 하는 것은 말로 표현할 수 없을 수도 있다. 어린이는 그것이 불가능할 수도 있고, 그것이 말로 표현할 수 없는 것일 수도 있다.

베리맨(Berryman)이 우리에게 상기하듯이, "하나님 임재가 초래한 신비로움과의 만남은 말로 표현할 수 없다."[1]

예술적 표현은 하나님과 어린이 사이의 깊은 연결 공간을 만든다. 어린이가 자기 상상력과 창의력을 내면세계에 적용할 때 감정이나 경험이 깊이 구체화된다.

---

1 Jerome Berryman, *Teaching Godly Play: How to Mentor the Spiritual Development of Children* (Denver: Morehouse Education Resources, 2009), 54.

이것은 실리퍼티(Silly Putty)를 가지고 하나님에 대한 그들의 반응을 조각하거나 수채화를 사용하여 친구를 잃은 것에 대한 감정을 그리는 형태를 취할 수 있다. 기도를 몸의 경험과 연결하면 어린이의 경험도 향상된다. 형에게 얼마나 화가 났는지 이야기했던 한 소년은 일어나 팔을 벌리고 고릴라처럼 쪼그리고 앉아 기도했다.

"저를 지켜보세요. 제 기분이 지금 이렇습니다. 하나님!"

자신이 느낀 감정에 대한 진실을 말하려면 몸으로 말해야 했다. 어린이는 또한 심호흡을 하고 자신의 느낌을 하나님의 임재에 대한 감각과 연결하기를 좋아한다.

"하나님이 나와 함께 계시다. 나는 안전하다"는 어린이 사이에서 유행하는 호흡 기도이며, 거품으로 호흡 기도를 하면 놀이도 동시에 할 수 있게 된다.

어린이에게 기도하는 습관을 들이도록 할 때, 그들의 상상력을 선하게 이끌 수 있다. 자연을 산책을 하는 동안 어린이는 종종 기도의 형태로 돌을 쌓기를 원한다. 나는 또한 어린이가 성령에 대한 응답으로 기쁨의 점프를 하거나 작은 잎사귀로 무언가를 만드는 것을 목격했다. 주기도문 문구로 몸 기도를 만드는 것이 한 예다.[2]

잡지 스크랩으로 기도 콜라주를 만드는 것은 어린이가 자신에 대해 아는 것을 가져오고 그것을 하나님에 대해 알고 있는 것과 엮는 데 도움이 될 수 있다. 이는 사랑의 공동체가 제공하는 증거를 강력하게 시각화한다.

---

2 "몸으로 하는 주기도문"은 부록 3을 참조하라.

앨리스 프라일링(Alice Fryling)은 집단을 위한 영적 지도에 대한 자기 책에서 "지금 당신에게 무엇이 도움이 되는가?"라는 질문을 하라고 조언한다. 이 질문은 어린이가 기도 연습을 하도록 권유하는 훌륭한 질문이다.[3]

어떤 어린이는 무엇이 자기에게 도움이 될지 모른다고 할 것이다. 어른이 평생 어린이에게 필요한 것이 무엇인지 말하다 보니 어린이 스스로 자신 안에 있는 갈망의 목소리를 들을 수 있는 능력이 둔해졌다. 어린이와 함께 나누는 영적 대화의 큰 유익은 어린이가 자신이 필요한 것, 소망하는 것 그리고 갈망하는 것을 듣도록 돕는 것이다.

우리는 무엇이 도움이 될지 묻는 질문으로 시작하고, 어린이가 모른다고 하면 한 걸음 물러나서 갈망에 대해 질문하기 시작한다. 때때로 어린이는 안전하거나 행복하거나 자신감을 느끼고 싶어 할 것이다. 갈망은 무엇이 가장 도움이 되는지 그리고 기도가 어떻게 형성되는지 인도하는 데 도움이 될 수 있다. 예를 들어, 평화를 경험하고 싶은 어린이에게 "하나님과 어떤 관계를 맺을 때 당신이 평화를 느끼는 데 도움이 될까요?"라고 질문할 수 있다. 기도 그림을 그리거나 묵주를 사용하거나 산책을 하거나 비눗방울을 불 때, 어린이가 하나님의 평화를 경험할 수 있다. 어린이가 하나님과 연결되게 돕고 자신의 열정을 반영하는 방식으로 연결되도록 도울 때, 자아의 중요한 차원인 어린이의 의지 또는 선택 의지가 일어난다.

---

[3] Alice Fryling, *Seeking God Together: An Introduction to Group Spiritual Direction* (Downers Grove, IL: InterVarsity Press, 2009), 63.

베다니(Bethany)는 자신이 중학교 시절 경험한 갈등에 관해 이야기하면서 고백했다.

"저는 그녀를 용서할 수 있도록 하나님께 간구해야 한다는 것을 알아요."

교회에서 자란 어린이는 많은 장점이 있지만, 한 가지 큰 단점은 그들이 자신의 요구에 귀를 기울이는 데 익숙하지 않다는 것이다. 베다니의 말은 자신의 열망이 하나님과 어른들이 그녀에게 원하는 것과 일치하지 않는다는 것을 나타냈어야 했다.

그녀는 다른 사람들의 요구를 들을 수 있었지만, 자신은 무엇을 원했던 것일까?

베다니는 조금 더 대화를 나눈 후 상처를 받았고, 자신의 고통을 들어주고 옆에서 느낄 수 있는 누군가가 필요했다. 하나님과 그녀의 대화는 그녀가 있던 바로 그 자리에서 시작되었다.

기도의 형식은 어린이마다 각 환경마다 다를 수 있다. 어린이의 기도 연습에서 인격의 다양한 차원을 포함할 때, 그들이 하나님과 더 깊고 더 지속적인 관계를 맺을 수 있다. 기도에 대한 이해를 넓히고 모든 대화에는 기도의 가능성이 있음을 기억하는 것이 도움이 될 수 있다. 보이지 않는 사랑의 하나님은 항상 관계를 맺고자 하고, 어린이가 말로 표현하거나 표현하지 않은 열망에 응답한다.

3. 응답 도구: 묵주와 미로

어린이는 본질상 육체적 존재이므로 다양한 차원의 기도 도구를 사용함으로 유익을 얻는다. (어른들도 유익을 얻지만, 그건 또 다른 문제다.) 기도 도구를 구입할 수 있지만 직접 만드는 것을 권장한다. 당신이 이 책을 불태우기 전에 사색적이고 구체화된 현존의 이점을 상기하겠다. 어린이는 불안하지 않고 중심적인 존재를 통해 전달되는 하나님과 함께하는 자신의 삶을 선택한다. 두말할 필요 없이, 우리의 임재 자체가 하나님의 평화와 인내를 전하지만 이것은 한순간에 일어나지 않는다.

중심에 있는 개인의 현존은 하나님 사랑의 시선에 잠긴 시간의 산물이다. 사막과 같은 인생을 견딘 부모는 이사를 가면 정신이 마음으로 내려갈 수 있다는 것을 배웠다. 이 공간에서 그들은 마음의 내적 열망과 성령의 움직임에 주의를 기울일 수 있었다. 이런 방법은 그들에게 효과가 있었기 때문에 아마도 당신에게도 효과가 있을 수 있다.

심호흡을 하고 재료를 모아 묵주를 만들어 보라.

4. 묵주 만들기

재료를 모으라. 팔찌를 만들기 해서는 최소 약 61센티미터의 끈이나 코드(길이는 구슬의 크기와 수에 따라 다름), 여러 색상의 십자가 펜던트, 구슬이 필요하다.

그림 7.1. 묵주를 만들고 사용할 때, 어린이는 자기 몸으로 기도할 수 있다

시작하기 전에 당신의 생각과 마음을 당신 가까이에 계신 하나님의 임재에 집중하라. 심호흡을 몇 번 하고 하나님께 인사하라.

"환영합니다, 하나님."

십자가들을 보라. 2-3개를 집어서 색상과 모양을 확인하라. 오늘날 하나님과의 관계에서 당신이 어디에 있는지를 반영하는 십자가를 선택하라. 하나님이 당신과 함께 계시는 것처럼 당신 자신에게 온유하게 대하라. 당신이 어디에 있는지 판단하지 않은 채 당신이 어디에 있는지 주목하라. 우리 인간은 유한하기 때문에 판단하는 것은 당신의 능력을 초월한다. 그래서 우리는 전체 그림, 심지어 특히 우리 자신의 그림을 절대 볼 수 없다.

끈을 보라. 가장자리를 따라 손가락을 움직여라. 색상과 질감을 확인하라. 평생 하나님과 동행하는 것을 나타내는 줄을 선택하라. 자를 사용하여 61센티미터(2피트 = 24인치)의 끈을 측정하라. 끈을 자르라. 십자가의 구멍에 끈을 끼운 다음 매듭을 묶어라.

구슬을 보고 하나님의 말씀을 듣기 시작하라. 구슬의 색상, 모양 및 질감을 확인하면서 다음 사항을 고려하라.

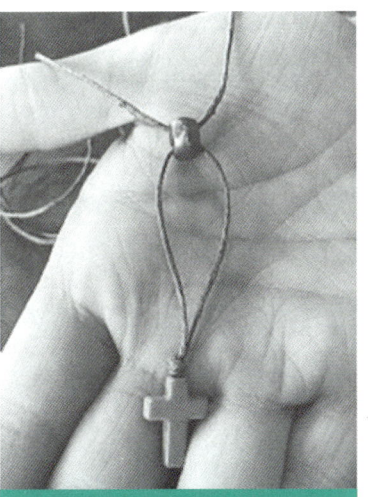

그림 7.2. 오늘 당신이 하나님과의 관계에서 어디에 있는지를 나타내는 십자가를 선택하는 것으로 시작하라

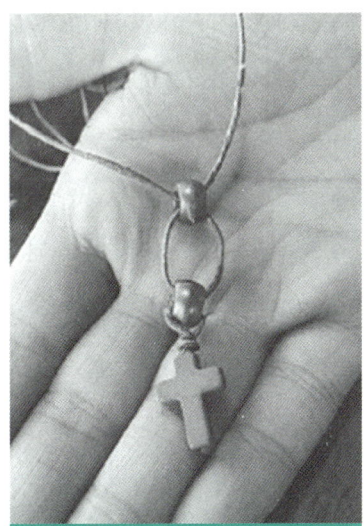

그림 7.3. 구슬의 색상, 모양 및 질감을 확인하면서 자신의 삶에 대해 생각하라

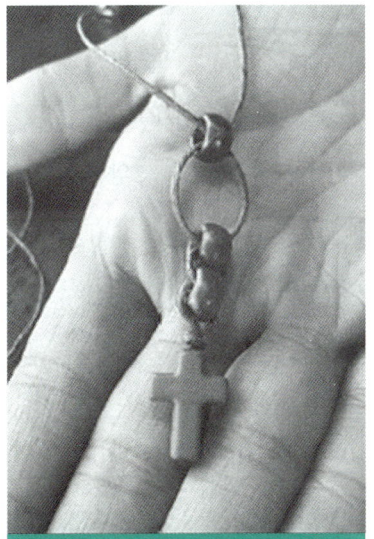

그림 7.4. 구슬을 꿸 때 내면의 감동과 하나님의 음성에 계속해서 귀를 기울이라

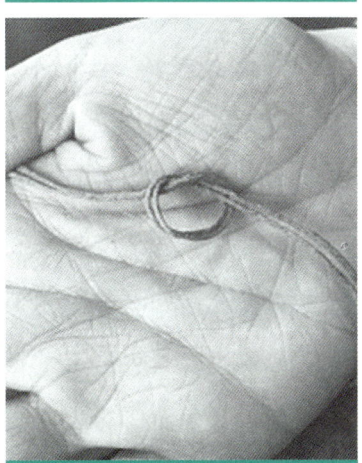

그림 7.5. 마지막 매듭을 묶을 때 삶 전체에 걸쳐 엮인 의미의 끈에 감사하고 사랑의 삼위일체 공동체에 당신을 엮어라

- 하나님과 맨 처음 만남을 나타내는 구슬을 선택하라.
- 사랑과 맨 처음 만남을 나타내는 구슬을 선택하라.
- 아름다움과 맨 처음 만남을 나타내는 구슬을 선택하라.
- 자연과 맨 처음 만남을 나타내는 구슬을 선택하라.
- 슬픔과 맨 처음 만남을 나타내는 구슬을 선택하라.
- 기쁨과 맨 처음 만남을 나타내는 구슬을 선택하라.
- 미스터리와 맨 처음 만남을 나타내는 구슬을 선택하라.
- 친절과 맨 처음 만남을 나타내는 구슬을 선택하라.
- 인내심과 맨 처음 만남을 나타내는 구슬을 선택하라.
- 평화와 맨 처음 만남을 나타내는 구슬을 선택하라.
- 경이로움과 맨 처음 만남을 나타내는 구슬을 선택하라.

이 구슬을 한 집단으로 모으라. 이 집단에서 5-7개의 구슬을 선택하라.

구슬을 꿰고 싶은 순서를 고려하라. 내면의 감동과 하나님의 음성에 계속 귀를 기울이면서 구슬을 꿰기 시작하라. 그림 7.2와 7.4는 구슬 묶는 법을 보여 준다.

구슬 꿰기를 마치면 맨 끝에 매듭을 지라(그림 7.5 참조). 그렇게 하면서, 삶 전체에 걸쳐 엮인 의미의 화음에 감사하고, 삼위일체 사랑의 공동체에 당신을 엮어라.

이것은 또한 어린이와 함께할 수 있는 유용한 명상 운동이다. 헤이븐 하우스(Haven House)의 어린이는 종종 자신의 묵주 세트를 만들어 달라고 요청한다. 염주를 만드는 것은 묵상하는 연습이지만, 이는 또한 여행하면서 하기에 적합하고 하나님의 초대를 계속해서 물리적으로 상기해 주기도 한다.

5. 미로를 사용하여 기도하는 묵상 수행

미로는 수백 년 동안 존재해 왔다. 사람들은 여러 가지 이유로 그것을 사용했지만 기독교인은 중세 이후로 기도와 순례를 위한 도구로 사용했다. 미로는 어린이에게 기도생활에서 몸을 사용할 수 있게 한다. 걷는 미로가 있는 곳을 찾을 수 있지만, 직접 만드는 것도 가능하다. 킹 사이즈 침대 시트로 어린이 크기의 미로를 만들 수 있다. 흰색 또는 밝은 색상의 침대 시트에 그림 7.6의 양식을 대략적으로 그린 다음 몇 명의 친구를 모아 영구적인 마커로 패턴을 색칠하게 하면 된다(그림 7.7 참조).

그림 7.6. 미로는 어린이에게 기도와 순례의 기회를 제공한다.

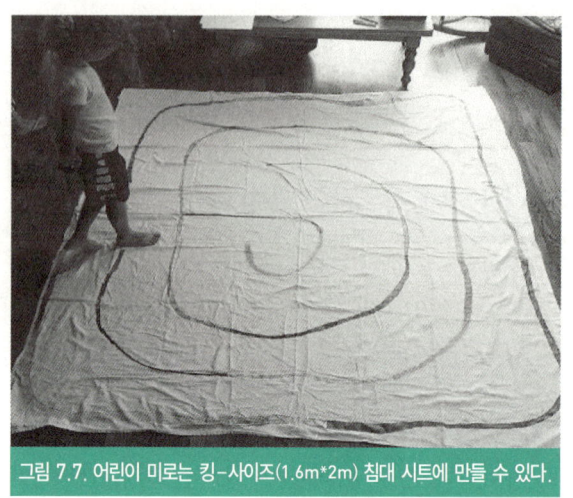

그림 7.7. 어린이 미로는 킹-사이즈(1.6m*2m) 침대 시트에 만들 수 있다.

나는 어린이가 기도의 미로를 걷게 하는 데 약간의 교육이 필요하다는 것을 알게 되었다. 어린이가 걷기 시작하면서, 그들의 존재론적 질문은 각 단계를 지날 때, 돌 때 그리고 돌아올 때, 표면에 드러난다. 천천히 의도적으로 걸을 때, 자신의 질문에 관해 숙고하고 그것을 하나님께 가져갈 수 있다. 경청하는 어른이 그 시간의 의미를 하나님과 대화하는 신성한 것으로 설정하면 어린이는 자연스럽게 몸을 이끌고 대화를 나눈다.

다음과 같이 어린이를 안내하면 된다.

"센터로 가는 길에 하나님과 대화하고, 센터에서 세 번 심호흡을 하고, 마지막으로 나가는 길에 하나님의 말씀을 들을 수 있어."

글을 읽을 수 있는 어린이의 경우, 기도 안내 페이지가 어린이가 마음속으로 듣는 데 도움이 될 수 있다. 부록 2의 미로에서 걸을 때 필요한 세 가지 기도 페이지 안내를 참조하라.

더 큰 미로가 여행이나 지정된 청취 공간에 항상 실용적인 것은 아니다. 그런 경우, 손가락 미로만으로도 충분히 효과적이다. 인터넷에서 "손가락 미로"에 대하여 검색하면, 다양한 크기와 다양한 비용의 미로가 나온다. 모험을 하고 싶다면, 나의 웹사이트인 굿 덜트 미니스트리스 (Good Dirt Ministries)에 가면 "펠트 손가락 미로로 수행하는 명상"(The Contemplative Practice of Felting a Finger Labyrinth)이라는 제목의 블로그 게시물이 있다. 여기에는 펠트 양모로 손가락 미로를 만드는 방법에 대한 지침이 있다.[4]

그림 7.8. 어린이는 모든 기도 도구를 마음대로 사용하여 하나님과 연결하는 신성한 공간을 만들 수 있다.

어린이는 걷는 미로를 사용하는 것과 같은 방식으로 손가락 미로를 사용한다. 자기 내면의 소리와 하나님의 음성에 귀를 기울이고 말하는 쉬운 리듬이 의도를 형성한다. 작은 크기와 편리한 휴대성으로 인해 어린이는 손가락 미로를 다른 기도 도구와 결합하여 자신의 갈망, 열정, 사랑의 응답을 반영한 자기만의 신성한 공간을 만들 수 있다.

---

4   Lacy Finn Borgo, "The Contemplative Practice of Felting a Finger Labyrinth", *Good Dirt Ministries* (blog), 2019년 5월 26일 접속, www.gooddirtministries.org/blog/2019/5/26/the-contemplative-practice-of-felting-a-finger-labyrinth.

6. 브랜든(Brandan)과 함께하는 전인격적 기도

브랜든과 나눈 네 번의 영적 대화에서 발췌한 다음 글에서 아이의 전인격적 자아의 움직임과 표현에 주목하라.

1) 세션 1

브랜든은 유치원을 막 마쳤다. 그는 평소에 말이 많은 소년이다. 그의 나이 때문에 20분에서 25분 동안 거룩한 경청을 한다. 이날 그는 거룩한 경청실에 뛰어들어 묻는다.

"제 차례에요?"

"들어야 해요?"

나는 "그럼"이라고 말하고 그의 어머니에게 허락을 구했다. 브랜든은 나에게 은밀한 미소를 건네고는 도망쳤다. 몇 분 후 그가 돌아왔을 때, 그는 프룻 루프스(Fruit Loops)가 든 커다란 용기와 서명된 허가서를 들고 있었다. 브랜든은 신발을 벗고 담요 위에서 편안하게 놀았다. 나는 우리가 사용할 것들에 대해 설명하기 시작했다. 그는 내 설명을 듣고 있었지만, 프룻 루프스에 몰두했다. 그는 7-8개 파란색 프룻 루프스를 골라서 나에게 건넸다. 그가 말했다.

"당신은 파란색을 좋아해요."

나는 그에게 감사했다. 그리고 눅눅한 프룻 루프스를 먹음으로 그를 받아들인다는 것을 표현했다. 그 후 그는 그것들을 제쳐두고 거룩한 경청용 돌 주머니를 뒤지기 시작했다.

브랜든: 제가 고른 돌들이에요. (마음 돌, 구불구불한 화살표 돌, 아래를 가리키는 화살표 돌을 선택한다. 그런 다음 마음 돌을 들어 나에게 보여 준다.) 이것은 우리 아빠를 위한 것이에요. 그는 돌아가셨어요.

레이시: 미안해, 브랜든.

마음 돌은 네 아빠를 어떻게 생각나게 하니? (굉장히 놀라운 이야기지만, 나는 그의 감정 상태와 나의 감정 상태가 일치하기를 원한다. 나는 그의 감정 상태와 공감하기 위해서 최선을 다하고, 나의 반응에는 나중에 주목하기로 한다.)

브랜든: 아빠를 사랑하고 그리워하기 때문이에요. 그리고 이것은 그가 돌아가셨을 때 깨졌어요. (그 돌을 가지도 놀다가 배터리로 작동되는 양초 옆에 놓는다.)

브랜든: 이것 보세요. 구불구불한 선을 보세요. 일어나서는 안 되는 일 ... 그런 일이 나를 슬프게 해요.

레이시: 또 무엇이 너를 슬프게 하니?

브랜든: 학교가 끝났어요. 저는 학교가 좋아요. 그리고 선생님도 저를 좋아하시고 아이들도 저를 좋아해요. 우리는 이야기하고 놀아요. 우리는 밖에서 놀아요.

레이시: 학교가 없어져서 슬프다는 이야기니? (다시 한번, 브랜든은 아무 말도 하지 않는다. 그는 프룻 루프스 상자로 가서 한 움큼을 움켜쥔다. 나는 그가 나에게 다시 몇 개를 줄까 봐 조금은 걱정된다.)

레이시: 학교가 없어진 것에 관해 더 이야기 하고 싶니?

브랜든: 아니요, 저는 이것에 관해 이야기하고 싶어요. (그다음 돌을 줍는다.) 아래를 가리키는 이 선을 보세요. 하나님이 만드셨기 때문

에 밑으로 향하고 있어요. 하나님이 만드신 모든 것은 여기에서 내려와요. 하나님은 모든 것을 그리고, 여기에 있어요. 하나님이 모든 것을 잘 만들었기 때문에 저는 이것에 만족해요.

레이시: (그가 창조 이야기를 하는 것인지, 그리고 그 이야기를 어디서 들었는지 궁금하다. 그가 아는 하나님이 모든 것을 선하게 만드신 사실에 대해 묵묵히 감사드린다.) 어떤 것이 좋으니?

브랜든: 우리 엄마, 헤이븐 하우스, 장난감, 당신, 프룻 루프스, 나무, 자전거 ... 그게 제가 생각할 수 있는 전부에요. (장난감 더미와 창밖에서 그가 본 것 중 몇 가지의 것을 말한다.) 저는 기도할 준비가 되었어요.

브랜든: 이게 뭐에요?

레이시: 기도할 때 쓰는 손가락 미로야.

한 번 같이 해 볼까?

브랜든: 네, 좋아요.

레이시: (나는 집게손가락을 입구에 대고 시작한다. 브랜든은 자기 손가락을 내 뒤에 두고 따라간다. 나는 큰 소리로 기도한다.) 하나님, 브랜든을 알게 해 주셔서 감사합니다. 하나님이 브랜든과 항상 함께하신다는 사실을 브랜든이 알게 해 주세요. 그리고 그가 이번 여름에 브랜든이 할 수 있는 재미있는 일을 찾도록 도와주세요. 그가 아버지와 선생님, 친구들이 보고 싶다고 했는데, 이 말을 들어주셔서 감사합니다. (우리가 미로의 중심에 도착했을 때, 잠시 멈추고, 이제 우리는 하나님이 우리에게 말씀하시는 것을 듣는다고 설명한다. 그리고 우리가 미로 놀이를 마치면 우리는 아멘이라고 말할 수 있다고 설명한다. 말없이 그

의 손가락은 내 손가락을 바깥쪽으로 따라간다. 그가 기도하는 동안 나는 조용히 기도하며 그의 아름다운 영혼이 들어야 할 것을 하나님이 말씀하시라고 간구한다.)

레이시: 하나님이 너에게 말씀하셨니?

브랜든: 하나님은 "나는 브랜든을 사랑한다"고 말씀했어요.

다시 할 수 있을까요?

그러나 이번에는 레이시가 저를 따라오세요.

레이시: 알겠어.

브랜든: (이번에는 브랜든이 우리의 기도 시간을 인도한다. 나는 집게손가락으로 그를 따라 미로를 통과한다. 그는 큰 소리로 기도한다.) 하나님, 아빠가 그립습니다. 하지만 저는 헤이븐 하우스와 컴퓨터를 좋아합니다. 예수님을 사랑하고 학교를 다시 원합니다. (멈추고 다른 손으로 배터리로 작동하는 양초를 미로 한가운데로 움직인다.) 그리고 좋은 것들.

(중앙에서 잠시 멈추고 조용히 밖으로 나가기 시작한다.)

레이시: 아멘.

하나님이 너에게 말씀하시는 것을 들었니?

브랜든: 하나님은 "나도 너를 사랑한다"라고 말씀하셨어요.

2) 세션 2

내가 도착했을 때 브랜든은 거룩한 경청실에 있었다. 그는 나를 만나고 싶었다. 내가 준비하는 동안 그는 TV를 켰다. 그는 '친구였던' 기차 두 대에 대한 만화 비디오를 가지고 있었다. 그는 우리가 친구니까 같이 봐야 한다고 했다. 내가 준비하는 동안 그는 그 비디오를 보기로 우리는 협상했다. 그런 다음 우리는 거룩한 경청을 할 때는 비디오를 끄기로 했다. 나에게 거룩한 경청을 하기 위한 다른 어린이가 없었다면, 우리는 그것을 다시 켜서 함께 보았을 것이다. 내가 좋든 싫든 우정으로 구체화되는 것이 영적 대화에 대한 나의 고상한 이상이다.

레이시: 브랜든, 담요 위에서 거룩한 경청을 시작할까?

브랜든: 네, 이것 보세요. (이야기 성경책에서 예수님과 어린이들의 사진을 선택한다. 우리가 매주 만났을 때 그 책은 그곳에 항상 있었지만, 그것에 관심을 보인 것은 이번이 처음이다.) 예수님이신 것 같아요.

레이시: 그래, 다른 사람도 있니?

브랜든: 한 소년이요. (예수님과 함께 있는 소녀 그림 뒤에 또 다른 그림이 있다. 예수님은 그 소녀에게 꽃을 주신다.) 저는 이 꽃이 더 좋아요. 그녀는 "하나님이 나를 사랑하신다"라고 말하고 있어요.. (소년 사진과 예수님 사진을 담요 밖에 놓고 소녀와 같이 있는 사진을 배터리로 작동하는 양초 옆에 놓는다.) (나는 그에게 경청 돌들이 든 가방을 준다. 그는 돌 세 개를 선택하는 대신 담요에 모든 것을 쏟아부었다. 그는 조심스럽게 돌을 배열하고 기호가 있는 부분을 위쪽으로 돌린다. 그는 마음 돌을 꺼내서 먼저 넣는다. 나는 지난 3주 동안 했던 질문들을 했지만, 그는 별로 집중하지 않았다. 나는 그가 돌을 정리하고 분류하는 것을 지켜본다. 나는 그가 블록으로 무엇을 할 것인지 궁금하다. 나는 돌들 옆에 블록 가방을 놓는다.)

브랜든: 좋아요. 뭔가 만들 거에요. 아마도 집. (블록으로 집을 짓기 시작하지만 세우는데 애를 먹는다. 그래서 나에게 도움을 청한다. 같이 짓는다. 그런 다음 그는 부서진 마음 돌을 들어 나에게 보여 준다.) 그는 항상 울고 비명을 질렀어요. 그렇게 안 하면 좋겠어요. (나는 "그"가 누구인지 궁금하지만 그의 마음에 하나님이 어떻게 역사하는지 방해하고 싶지 않다. 그는 돌들을 집어 들고 그들이 누구인지 나에게 말하기 시작한다.) 이것은 저에요. (그가 지은 작은 블록 방에 돌을 놓는다. 그다음 자기를 나타내는 돌이 있는 방에 배터리로 작동하는 초를 놓는다.) 예수님은 저와 함께 계세요.

레이시: 예수님은 너에게 뭐라고 하셔?

브랜든: 내 집이 불에 탔다고 말씀했어요. 그러나 예수님은 집을 지을 거에요. (지붕을 만들고 있는 나를 쳐다보지도 않고 말한다.) 이 사람은 제 동생이에요. 그는 저와 예수님과 함께 여기 있어요. (그의 어머니를 집 반대쪽 끝에 놓는다. 어머니의 새 남자 친구는 그녀와 함께 있다. 그의 할아버지도 집에 있지만 예수님과 함께하는 특별한 방에는 없다. 브랜든은 한동안 이 블록과 돌을 가지고 논다. 브랜든과 함께한 세션 중 이번 것이 가장 길다. 잠시 후 그는 우리가 함께 기도하고 TV를 볼 수 있는지 묻는다.)

레이시: 오늘 새로운 방법으로 하나님과 대화 해 보겠니?
거품을 가지고 기도해 볼까?

브랜든: 와. 저는 거품을 좋아해요.
어떻게 하면 되나요?

레이시: 먼저 하고 싶은 말을 생각해 봐.
오늘 있었던 재미있는 일에 관해 하나님께 말하는 것은 어떠니?

그런 다음 그 말을 거품에 불어넣어봐.

브랜든: (그가 막대기를 잡는 동안, 나는 용기를 들고 있다.) 저는 제 새 비디오을 좋아해요. (거품을 두 번 분다.) 그리고 저는 이런 것들을 좋아해요. (거품을 가리키며 웃고 더 분다.)

레이시: 이제 너를 슬프게 하는 것을 하나님께 말해보지 않겠니?

브랜든: (멈추고 아무 말도 하지 않는다. 대신 그는 거품을 불고 또 분다. 그는 다음 몇 분 동안 거품이 자신과 예수님이 있는 방의 지붕에 떨어지도록 노력한다. 성공하면 좋아서 어쩔 줄 모른다.)

브랜든: 축복받고 싶어요.

레이시: 응, 알겠어.

축복 연고 갖고 싶니?

브랜든: 네, 손에 주세요.

3) 세션 3

내가 문으로 들어갈 때, 브랜든은 나를 기다리고 있다. 내가 준비하는 동안 도와줄 수 있다고 말한다. 그는 나를 도우면서, 보이즈 앤 걸즈 클럽(Boys and Girls Club)에서 곤경에 처했다고 말한다. 준비가 다 되었을 때, 그는 나갔다가 시리얼 통을 가지고 돌아온다. 그를 담요 안에 들어오게 하지만, 시리얼은 담요 밖에 두는 것이 어떠냐고 제안한다. 그는 흥분한다. 우리는 그동안 하던 방식으로 시작하고 브랜든은 소녀와 함께 있는 예수님 그림을 선택한다.

브랜든: 이 모든 것이 필요해요. (가방에서 모든 돌을 쏟아붓고 난 후 정리한다. 청취 도구가 이제는 지겨운 것 같다.)

레이시: 너와 하나님에 대한 이야기를 들려주는 돌 세 개를 가리켜 주겠니? (브랜든은 돌을 쌓기 시작하지만 내 질문에 답하지는 않는다.)

오늘 기쁠 때나 슬플 때에 관해 말하는 것이 어떠니? (여전히 아무 반응이 없다.)

보이즈 앤 걸즈 클럽에서 무슨 일이 있었는지 말하지 않겠니? (그는 내 눈을 쳐다보고는 안 된다고 말한다. 나는 그의 의도를 존중하고 그가 돌 쌓는 것이 지겨워질 때까지 내버려 둔다.)

이건 어떠니?

내가 이야기를 하는 동안 이것으로 놀지 않겠니?

브랜든: 응.

그건 뭐에요?

아, 배와 사람들이 있어요. 레이시처럼 큰 사람들과 나처럼 작은 사람들이 있어요. 아, 알겠어요. 물처럼 보여요. 호수처럼 보여요. 아, 이 사람은 구부리고 있어요. 좋아요. 이들과 놀 수 있어요.

이것은 뭐에요?

카펫 같은 건가요?

레이시: 이야기를 들려줄까?

이것들을 가지고 놀아도 되니?

브랜든: 예! (조용하고 천천히 나는 그에게 호수에서 배를 탄 예수님과 그의 친구들의 이야기를 들려준다. 예수님은 너무 피곤해서 낮잠을 자고 있다. 그가 자고 있는 동안 큰 폭풍이 일어난다. 큰 폭풍을 표현하기 위해 푸른색 펠트

[felt, 섬유의 일종-역주] 호수의 가장자리를 잡고 흔들어 파도를 만들고, 배와 배에 탄 사람들을 불안정하게 한다. 그런 다음 나는 예수님의 친구들이 두려워서 예수님을 깨워 그에게 무섭다고 말한다고 알려 준다. 예수님이 일어서서 호수를 향하여 말씀한다. "잠잠하라. 고요하라." 그러자 물은 예수님이 말씀한 대로 잠잠해진다. 브랜든은 이야기를 듣고 그 이야기대로 논다. 그는 계속 놀면서 자신의 이야기를 한다.)

레이시: 그것들은 무엇이니? (브랜든은 다른 세트에서 블록을 가져와서 물에 넣고 있다.)

브랜든: 상어에요. 폭풍우를 일으키게 도와주세요.. (브랜든과 나는 파란색 펠트를 흔들고 모든 사람이 배에서 떨어지고 상어가 그들을 먹기 시작한다. 예수님은 상어를 물리치려고 하지만 브랜든의 이야기에서 예수님은 그들을 구할 수 없다. 브랜든은 같은 이야기를 계속 반복한다. 그는 마지막 장면에서 배터리로 작동하는 양초를 가져와 떨어뜨린다. 상어가 쫓겨가고 예수님은 빛을 보고 "매우 고맙다"라고 말씀한다.)

레이시: 너의 이야기 속에 하나님이 등장하니?

브랜든: 하나님은 촛불이에요.

레이시: 하나님이 어떻게 촛불과 같지?

브랜든: 거품을 사용할 수 있어요?

레이시: 응.

브랜든: (거품을 불기 시작한다. 그는 기도할 때 한 문장만 말한다.) 저는 당신을 사랑해요. 그리고 당신의 형은 떠났어요. (거품 대신 나를 본다.)

레이시: 미안해.

브랜든: 저는 그것 때문에 화났어요.

레이시: 네가 화났다고 하나님께 말할 수 있니?

브랜든: 그렇게 했어요. (거품을 가지고 몇 분 더 놀다가 시간이 다 되었기 때문에 그를 축복하겠다고 한다.) 축복 향유와 이것으로 해 주세요. (수용성 마커를 집어 든다.)

레이시: 좋아.
양손에 하나씩?

브랜든: 네. 좋아요.

레이시: 브랜든, 하나님은 너를 아주 사랑하셔. 하나님은 항상 너와 함께 계셔. 하나님은 절대로 너를 떠나지 않아. (나는 이것을 두 번 말한다. 각 손으로 한 번씩.)

브랜든은 기도 시간까지 형에 관해 언급하지 않았다. 이것이 그가 오직 하나님께만 말할 수 있는 고통인지 궁금하다. 나는 그가 거의 느끼지 못하는 평화를 위해 기도한다.

4) 세션 4

브랜든은 지난주에 못 나왔기 때문에 오늘 여기에 나오게 되어 기뻤다. 우리는 평소처럼 기도로 시작했다. 기도가 끝났을 때, 그는 돌을 가지고 하고 싶지 않다고 말했다. 그 대신에 그는 "예수님과 배"를 가지고 놀고 싶어 했다. 그렇게 우리는 시작했다.

레이시: 배에 탄 예수님과 그의 친구들의 대한 이야기를 해 줄까?

브랜든: 네. (내가 이야기 하는 동안 그가 듣고 있는지 궁금했다. 그는 물 위의 배에 있는 예수님과 그의 친구들의 이야기에 흠뻑 젖어 있었다. 그는 조각들을 완벽하게 조립하는 데 몇 분을 보냈다.)

브랜든: 이것은 어때요?

레이시: 보기 좋아. 그것들을 주변으로 움직일 수 있어. 그것들을 가지고 놀 수 있어.

브랜든: 네, 알아요. 그러나 엉망으로 만들고 싶지 않아요. 움직이고 싶지 않아요.

레이시: 왜 그것들을 움직이고 싶지 않지?

브랜든: (어깨를 으쓱한다.) 완벽해요.

레이시: 어느 것이 너니?

브랜든: 이것이에요. (한 명을 가리킨 다음 놀기 시작한다. 파란색 펠트를 흔들자 사람들이 배에서 떨어진다. 상어가 그들을 잡아먹으려 하지만 배터리로 작동하는 빛이 사람들을 구출하고, 상어를 찔러서 불사른다.) 저녁으로 상어 구이를 먹을 거에요. (우리 둘 다 웃는다. 얼마 지나지 않아 브랜든은 흥미를 잃는다.)

레이시: 기도 도구를 만들어 가지고 가고 싶니?

브랜든: 나는 구슬을 좋아해요.
이것은 구슬 같은 건가요?

레이시: 그런 셈이지. (나는 구슬 상자를 꺼내 그에게 색깔이 있는 십자가를 고르라고 권한다. 그는 그렇게 한다. 우리는 십자가에 잇는 구멍에 줄을 꿰는 데 약간의 어려움을 겪는다.)

레이시: 하나님, 이것을 할 수 있도록 도와주세요. (함께 일하면서 기도와 하나님에 대한 대화를 나눈다.)

레이시: 때때로 하나님은 우리 손을 사용하여 다른 사람들을 도와. 마치 우리의 손을 사용하여 구멍으로 이 끈을 빼내려고 하는 것처럼.

브랜든: 제 손이요?

레이시: 그래.
하나님은 너의 손을 어떻게 사용하셨니?

브랜든: 저는 돕는 것을 좋아해요. 저는 설거지를 돕고, 헤더(Heather) 양을 도와요. 그래요. 하나님께 여쭈어 봐요.
하나님, 저희를 도와주실래요? (우리는 이 끈이 구멍을 통과하지 못하므로, 더 얇은 다른 끈을 선택한다.)
이 끈도 역시 우리에게 도움이 되어요. (더 얇은 끈을 집는다.)

레이시: 맞아. 나도 그렇게 생각해. (마침내 십자가에 끈을 통과했고 이제 구슬을 선택할 수 있다.) 하나님을 생각나게 하는 구슬을 세 개 선택해.

브랜든: (빨간 마음 구슬 세 개를 선택한다.) 이 구슬은 하나님이 모든 사람을 사랑하시기 때문에 하나님을 생각나게 해요. (그와 나는 함께 구슬을 꿴다.) 하나님은 우리 손을 다시 사용하고 있어요.

레이시: 맞아. 그래. 이제 하나님이 너와 대화하기를 원하신다는 것을 기억나게 하는 세 개의 구슬을 선택해 봐. (브랜든은 두 개의 투명한 구슬과 반짝이는 구슬 하나를 선택한다.)
이 구슬에 대해 말해 줄래?

브랜든: 그것들을 통해 볼 수 있어요. 그리고 반짝여요. 저는 하나님께 물어요.

"제 형을 집에 데려다주실래요?"

2년이 흘렀고 그가 보고 싶어요. 제가 하나님께 물었고 하나님은 "아직 아니야"라고 말해요. 다시 슬퍼요. (이 이야기의 어떤 부분이 그가 다른 사람들에게 들은 내용에 의해 형성되는지 궁금하다.)

레이시: 형이 그립구나.

어떡하니?

브랜든: (구슬을 가지고 기도한다.) 하나님, 저는 제 형을 원해요. 그가 보고 싶어요. 슬프고 화가 나요. (그의 묵주를 따라 손가락을 움직이며 이 말을 한다. 끝나면 나를 올려다본다.) 축복해 줄 수 있어요?

레이시: 물론이지.

축복 연고를 원하니?

브랜든: 예, 하지만 이번엔 제가 축복할 거에요.

레이시: 좋아.

같이 축복하면 어떨까?

브랜든: 좋아요. (내가 먼저 그를 축복하고 그가 나를 축복한다. 이것은 절제된 표현이다.)

솔직히 말해서, 나는 그가 놀 때 안절부절못했다. 나는 그가 어떤 의미를 찾거나 정해진 방식으로 조각들을 사용하기를 원했다. 나는 계속해서 성령이 인도하시는 대로 의지해야 함을 배운다. 또한, 이 작은 아이를 위해 아버지를 신뢰하고 그를 바로잡으려는 충동에 저항하는 법을 배운다.

경청하는 어른은 기도 현장을 통제해야 할 필요성을 포기해야 한다. 기도의 모습과 소리가 무엇인지에 대한 어른들의 생각은 기도하는 어린이와 함께하는 데 방해가 될 수 있다. 어린이의 정직하고 진실한 기도는 기도에 대한 우리의 금기 사항에 도전이 될 수 있다. 우리에게 언제 이런 일이 일어날 지 알아차리는 것이 중요하고, 신뢰할 수 있는 친구나 영적 지도자와 함께 그것에 대해 이야기하는 것이 중요하다. 기도하는 동안 어린이는 자연스럽게 성령에 의지한다. 연결하려는 열망이 너무 강해서 연결하도록 도와줄 필요가 없다. 어린이는 열망을 가지고 온다. 이것이 하나님이 요구하는 유일한 조건이다. 경청하는 어른의 역할은 환경 및 몇 가지 기도 도구를 제공하고 그들을 받아들이는 것이다.

받아들인다고 해서 어린이의 모든 행동을 옳게 여긴다는 의미는 아니다.[5] 영적 대화에는 한계가 있다. 경계는 생명을 주는 한계로서 명예를 경작한다. 예를 들어, 나는 우리가 사용하는 물건을 어린이가 부수는 것을 절대 허용하지 않는다. 어린이가 물건을 부수고 싶어 할 때가 있을 수 있지만, 나는 그 물건을 사용하고 싶어 할 다음 아이를 존중하도록 강력하게 유도한다. 나는 또한 어린이가 나를 때리거나 해치는 것을 절대 허용하지 않는다. 어린이가 이 경계를 유지함으로 나를 존중하게 한다.

---

[5] Garry L. Landreth, *Play Therapy: The Art of the Relationship* (New York: Taylor & Francis, 2012), 69, Kindle.

경청하는 어른은 또한 어린이와 적절한 신체 접촉을 유지함으로써 어린이의 경계를 존중한다. 이것은 영적 지도자가 어린이의 동의 없이 신체 접촉을 하지 않는다는 것을 의미한다. 적절한 신체 접촉은 세션의 끝에서 축복의 연고를 줄 때 어린이의 손을 만지는 것일 수 있고, 아마도 세션의 시작이나 끝에서 포옹하는 것일 수 있다. 그러나 어린이가 포옹을 요청하는 경우에만 할 수 있다. 이런 식으로 우리는 아이를 존중한다. 우리는 너의 몸이 너의 것이지 내 것이 아니라고 말하며, 너는 너의 몸으로 무엇을 하고 싶은지 말할 수 있다고 한다.

아이들과의 영적 대화는 본질상 경험과 관련 있고 어린이 전체 자아와 관련 있다. 존 올리버(John Oliver)는 성령에 관한 자기 책에서 말한다.

> 인간은 하나님을 설명하는 것보다 하나님을 경험하는 것이 더 적합하다.[6]

어린이를 위한 기도는 하나님과 연결하는 경험이다. 그들은 마음(생각과 느낌)뿐 아니라 몸과 의지(선택 능력) 그리고 인간관계로 하나님을 체험한다.

---

[6] John W. Oliver, *Giver of Life: The Holy Spirit in Orthodox Tradition* (Brewster, MA: Paraclete Press, 2011), 51.

곰곰이 생각할 문제

다음은 하나님, 다른 사람 또는 자신과 나누는 대화를 위한 주제를 제안한다.

- 마음(생각과 감정), 몸, 의지, 사회적 맥락과 같은 전인격적 차원에 대해 생각하라.
  하나님과 연결할 때 주로 어떤 차원에 참여하는가?
  당신은 주로 마음과 관련이 있는가, 아니면 사회적 맥락과 관련이 있는가?
  당신은 육체적 사람인가?

- 누가복음 2:41-52를 상상하라.
  예수님의 소년 생활이 어땠을 것 같은가?
  이 구절을 읽을 때, 어린 시절의 기억이 떠오르는가?

- 기도에 대한 자신의 금기 사항에 대해 생각하라.
  기도에 무엇이 필요하다고 생각하는가?
  한계가 무엇이라고 생각하는가?
  표면에 떠오르는 주제를 놓고 하나님과 경청하는 대화에 참여하라.

- 기도 습관을 바꾸라. 당신의 몸이나 당신의 사회적 맥락에 관여하는 관행을 사용하여 하나님과 연결하라.

하나님과의 연결을 위해 어떤 새로운 길이 있는지 주목하라.

- 손가락 미로를 만들 때를 다시 생각해 보라.
  가장 어려웠던 부분은 무엇이었는가?
  어려움 가운데 있을 때, 성령님은 당신을 어떻게 초대했는가?

제8장

탐험에 나선 두 친구

> 영적 경험을 자각하는 어린이에게는 그들의 말을 경청하고 진지하게
> 받아들일 수 있는 능력을 보여 주는 어른이 필요하다.
> - 브렌든 하이드(Brenden Hyde) -

에릭(Eric)과 나는 학교 수업이 시작되기 전에 만나서 영적 대화를 나누었다. 우리는 스테파니 톨란(Stephanie S. Tolan)의 『평범한 기적』 (Ordinary Miracles)을 읽고 난 후 모임을 시작했다. 삶과 죽음, 믿음과 의심에 관한 이 책은 에릭의 마음과 정신을 휘젓고 있던 질문과 궁금증을 말해 준다. 그의 어머니는 나에게 그를 만날 수 있냐고 물었다.

4학년인 에릭은 자아에 대한 호기심, 경이로움, 경외심을 가지고 영적 대화를 시작했다. 그는 부모님의 이혼, 랩 음악에 대한 큰 사랑과 관심 그리고 눈에 보이는 것보다 경험해야 할 것이 더 많다는 생각에 대하여 현실적으로 질문했다. 학기 말이 다가왔고, 우리의 만남도 끝나가고 있었다.

지난 6개월 동안 하나님이 어떻게 임재하셨는지 밝히기 위해, 에릭은 자신이 하나님을 경험한 모든 방법과 장소를 언급하면서 기억을 더듬었다. 그는 새로운 친구에 관하여 배운 것과 그 친구와 보냈던 좋은 시간을 기억해 냈다. 에릭의 영성에는 세속적이거나 신성한 것이 따로 없었다. 그의 목록에는 생일에 받은 새 자전거, 형과 보냈던 즐거운 시간, 햄스터가 죽었을 때 하나님이 함께하셨다는 느낌, 주일 아침 예배에 그가 작곡한 랩을 발표했던 일이 있었다.

에릭은 내가 준 '팬시 페이퍼'(fancy paper)에 색색의 마커로 기억 속에 있는 단어와 문구를 썼다. "어쩌면 이것들을 랩으로 바꿀지도 몰라요"라고 그는 썼다. 에릭이 마지막으로 덧붙인 것은 내 이름이었다. 겸손한 순간이었다. 내가 한 것은 많지 않았다. 에릭은 그의 인생에서 충분한 '행동가'(doers)였다. 그에게는 열린 마음으로 자기 말을 잘 들어줄 사람이 필요했다. 그는 판단하지 않고 자기 곁에 올 수 있는 어른, 자기 마음이 정말로 탐구하고 싶은 질문을 할 수 있는 어른이 필요했다. 그는 사랑의 사치스러운 초대에 의도적으로 참여할 수 있는 안전한 공간이 필요했다.

1. 경청하는 친구는 누구인가?

레이첼 카슨(Rachel Carson)은 자기 책 『센스 오브 원더』(The Sense of Wonder)에서 자연 속에서 어린이와 함께 걷는 것을 생각할 때 어린이의 영적 여정에 동행하고자 하는 어른의 자세를 이해하는 것 같다고 말한다.

> 나는 아무리 많은 훈련을 해도 흥미진진한 발견을 하기 위해 숲속 탐험에 나선 두 친구의 정신만큼이나 (동식물의) 이름을 그렇게 확고하게 새겨 넣을 수 없으리라고 확신한다.[1]

어린이가 하나님을 인식하고 하나님의 음성에 반응하도록 하면서, 하나님과 함께 살아가는 삶에 우리가 동행할 때, 우리는 그리스도의 마음을 발견하기 위해 흥미진진한 탐험을 하는 두 친구가 된다.

어린이의 말을 경청하는 친구는 부모, 조부모, 교사, 목사 또는 하나님과 함께하는 어린이의 삶에서 같이 여행하기를 원하는 친구가 될 수 있다. 이 경청하는 친구는 앞에서 이끌기보다는 옆에서 같이 간다. 그들은 아이를 교정하거나 가르치고 싶은 충동을 기꺼이 제쳐 둔다. 모든 상황에서와 마찬가지로, 어린이와 영적 대화는 본질상 삼위일체적이다.

경청하는 어른은 항상 어린이와 성령을 인식하고 주의를 기울이려고 노력한다. 로욜라의 이냐시오(Ignatius of Loyola)는 영적 지도에 대한 사역을 확립하는 데 도움을 주었는데, 그는 '창조주가 피조물을 다루는' 지침 원리를 제시했다.[2] 본질적으로 경청하는 어른의 자세는 바로 곁에서 섬기는 것이다. 우리는 어린이 곁에서 경청하고, 초대하고, 반영하고, 격려하고, 신비로움을 간직한다.

---

1 Rachel Carson, *The Sense of Wonder: Words and Pictures to Help You Keep Alive Your Child's Inborn Sense of Wonder and Renew Your Own Delight in the Mysteries of Earth, Sea and Sky* (New York: Harper & Row, 1998), 23.
2 Louis J. Puhl, *The Spiritual Exercises of St. Ignatius* (Chicago: Loyola Press, 1951), 6.

당연한 것 같지만, 어린이의 말을 경청하는 친구는 자기의 내면에 시간을 쓰고 주의를 기울인다. 그들에게는 그들과 함께 걷는 영적 지도자나 영적 친구가 있을 수 있다. 어른 경청자는 또한 어린이를 환영하고 편안한 마음을 주는 사랑의 공동체를 진실로 반영할 수 있도록 하나님에 대한 자기 자신의 그림을 통하여 일한다.

어린이의 말을 경청하는 친구는 성령의 방법으로 계속 배우는 사람이 될 것이며, 항상 어린이의 일상생활에서 성령의 역사를 더욱 분명하게 보고 듣는 법을 배운다. 영적 대화가 취침 시간에, 차 안에서, 식사 중에, 산책 중에, 교회에서, 식료품점에서, 놀이 중에 또는 정기적으로 청취하는 시간이건 간에, 언제 발생하든 지 상관없이, 어린이의 말을 경청하는 어른은 어린이가 준비되면 언제든지 영적 대화에 참여하고자 한다. 경청하는 어른은 어린이 각자에게 있는 강력한 의지의 선물을 존중한다. 그들은 선택을 존중하고 연결에 대한 하나님의 말씀에 응답하거나 아니면 거절하는 등 매일 수없이 제안된 초대를 존중한다.

경청하는 친구는 어린이의 비밀을 지킬 뿐만 아니라, 아이가 다쳤거나 위험에 처했을 때 당국과 공유함으로써 어린이의 안전도 지킬 수 있다. 또한, 어린이의 삶에서 하나님의 역사를 인식하는 법을 배우고 어린이가 하나님의 역사에 반응하게 할 수 있다. 경청하는 친구는 다양한 방법으로 계속 배우는 사람으로, 사람의 모든 차원이 하나님과 연결되도록 한다. 그들은 더 많은 질문을 하고 더 적게 말한다. 어린이 중심적이며 꾸준하며 환대하며 호기심을 나타낸다. 침묵은 어린이의 입장에서 은총이다. 그들은 융통성 있는 기도의 사람이기 때문에, 거품으로, 물감으로, 몸으로, 모래로, 숨으로 또는 아무것도 없이 기도할 수 있다.

경청자는 거룩한 대화를 할 때, 환경을 조성하고 가능한 한 방해하지 않는다. 방 안에는 눈에 보이지 않는 분이 듣고, 말하며, 상호 작용한다. 경청자는 거룩한 것을 목격하고 있음을 안다. 어린이에게 지도력을 행사했던 어른은 어린이의 말에 경청하는 것이 혼란스러울 수 있다. 어린이의 말을 경청하는 어른은 어린 시절의 경험을 완전히 이해하지 못할 수 있기 때문에 어린이를 강압하거나 강요하거나 정죄하지 않는다. 대신, 사려 깊은 경청과 호기심 많은 질문을 통해 어린이와 그들의 경험을 다정하게 받아들이고 성장시킨다.

경청하는 친구는 축복하는 사람이다. 그 친구의 삶은 사랑의 가족이 보여 준 너그러움 안에서 자신감을 발산한다. 그 친구가 아는 축복은 광고 스티커나 옹알이 같은 것이 아니라, 어린이의 모든 삶에 하나님이 가까이 계신다는 것을 증거한 진실하고 확고한 지식이다. 모든 어린이는 연결로부터 그리고 연결을 위해 창조되었음을 아는, 그들 안에 있는 깊은 우물에서 축복이 흐른다.

2. 성경으로 경청하는 친구

어린이와 영적 대화는 현대의 산물이나 새롭게 어린이와 함께하는 방식이 아니다. 인류 역사를 통틀어 어린이와 어린이 말을 경청하는 친구는 하나님과 함께 탐험해 왔다. 사무엘상 3:1-10에 좋은 예가 나온다. 이 잘 알려진 구절에서 하나님은 사무엘에게 말씀하시고 엘리는 사무엘과 동행한다. 이 구절을 분석할 때, 사무엘은 탐험하고 있는 것처럼 보이고, 그의 어른 경청자 엘리는 사무엘 수준에 머무는 것을 주목하라.

소년 사무엘은 엘리 밑에서 여호와를 섬기고 있었다. 그 당시에는 주님의 말씀이 희귀했고 이상이 흔히 보이지 않았다. (이 어린이가 하나님의 음성을 들을 수 있도록 한 어린이의 존재 방식이 무엇이었는지 궁금하다.)

그때 엘리는 시력이 나빠져 앞을 볼 수 없었다. (나는 내 나이와 세상 살면서 받는 피로가 어떻게 하나님을 보지 못하게 하거나 듣지 못하게 하는지 궁금하다.) 엘리는 자기 방에 누워 있었고, 하나님의 등불은 아직 꺼지지 않았으며, 사무엘은 하나님의 궤가 있는 여호와의 성전에 누워 있었다. (이 아이는 왜 하나님의 궤 옆에서 자고 있는지 궁금하다. 사무엘의 어떤 마음이 그를 그곳으로 가게 했을까. 하나님을 향한 그의 갈망의 모습을 조금은 알 수 있을까. 그 안에 있는 그 어떤 것이 연결을 향한 하나님의 갈망을 반영했는가.)

그러자 주님은 부르셨다.

"사무엘아, 사무엘아!"

그가 말했다.

"제가 여기에 있습니다."

그리고 엘리에게 달려가서 말했다.

"여기 있습니다. 당신이 불러서 달려왔습니다." (근접성이 궁금하다. 어린이에게 도움이 될 만큼 가까이 있으면서도 어린이 스스로 하나님의 음성을 들을 수 있을 만큼 떨어져 있을 수 있을까?)

그러나 엘리는 말했다.

"나는 너를 부르지 않았다. 가서 다시 누워 자거라." (엘리는 정직한 거울이 되었다. 그는 수수께끼를 풀려고 하지 않았다. 아마도 그가 몰랐기 때문일 것이다. 그는 단순히 거울이었다. 아니면 그냥 너무 지쳐서 피곤했을 수도 있었다!)

그래서 사무엘은 가서 다시 누웠다.

주님은 다시 "사무엘아!"라고 부르셨다. (우주의 하나님 음성을 듣기 원하고, 이 음성을 기꺼이 듣고자 하는 자가 있을 때, 하나님은 포기하지 않는다는 것을 우리가 어떻게 믿을 수 있는지 궁금하다. 하나님은 계속 부르고 부르실 것이다.)

사무엘은 일어나서 엘리에게 가서 말했다.

"당신이 나를 부르셨기 때문에 제가 여기에 왔습니다."

그러자 엘리는 주님이 그 아이를 부르신다는 것을 깨달았다. (엘리는 형성되는 중이다. 나도 형성되는 중이다. 나의 약한 손으로 분별력을 어떻게 잡을지 궁금하다. 내가 언제 주님의 음성을 놓쳤는 지 깨닫고 다시 들을 수 있는 은혜를 느꼈다.)

그래서 엘리가 사무엘에게 말했다.

"가서, 다시 누워라. 만일 그가 다시 부르면 '주여 말씀하소서 주의 종이 듣습니다'라고 말하라." (어떻게 엘리가 사무엘에게 이 간단한 지시를 내리고 방해해서는 안 된다는 것을 알았는지 궁금하다. 그가 듣고 싶었는지 궁금하다. 엘리가 그런 식으로 하나님의 음성을 들을 날을 사모했는지 궁금하다.)

그래서 사무엘은 가서 자기 자리에 누웠다. (어떻게 하나님에 대한 사무엘 자신의 갈망이 그를 법궤 근처에서 자게 하고 이제 한 번 더 돌아가서 듣고 응답할 준비가 되게 했는지 궁금하다.)

이제 여호와께서 오셔서 거기 서서 전과 같이 "사무엘아 사무엘아!" 하고 부르셨다.

사무엘이 말했다.

"말씀하세요. 주의 종이 듣겠습니다." (나는, 인격적으로 응답하신 이 하나님과 간절하게 연결한 경험을 한 사무엘이 어떤 느낌이었는지 궁금하다. 두렵고 기쁘고 평안했을까? "말씀하세요. 주의 종이 듣겠습니다"라고 말할 때 어떤 용기가 필요했을까?)

내가 궁금해 한 것 중에서 당신도 역시 궁금해 하는 것은 무엇인가?
사무엘과 엘리의 짧은 대화에서 무엇을 느꼈는가?
사무엘과 주님의 대화에서 무엇을 느꼈는가?

잠시 시간을 내어 느낀 점을 적어 보라. 이러한 궁금증을 놓고 하나님과 대화해 보라.

나는 사무엘에게 실제로 경청하는 친구가 있다는 것을 알아차렸다. 주님이 사무엘에게 직접 말씀하셨다는 것은 분명하지만, 사무엘이 하나님을 인식하고 응답하도록 도울 만큼 아주 가깝고 안전한 사람이 필요했다. 수 세기 동안 기독교 어른은 우정과 가족 밖에서, 공식적으로 경청하는 관계를 유지했다. 이런 사역자를 영적 지도자라고 하고, 그들은 특히 하나님과 함께하는 사람의 삶과 동행하기 위한 목적으로 형성된다.

하나님과 함께하는 성인의 삶과 동행하도록 이미 훈련을 받은 영적 지도자가, 어린이에게 맞는 독특한 방식으로 어린이와 동행하도록 훈련될 수 있을 정도로, 하나님과 함께하는 어린이의 삶을 그토록 소중하게 여기는 것이 어떤 모습일지 상상해 보라. 목회자와 교사가 어린이 내면의 삶에 참여하는 법을 배우는 것을 상상해 보라. 그것은 마치 헤이븐 하우스에서 일어나는 일처럼 보일 수 있다.

3. 헤이븐 하우스에서 경청하는 두 친구

나는 헤이븐 하우스의 놀이방에서 어린이를 만난다. 그 방은 기증품으로 가득 차 있다. 벽 쪽으로는 버려진 플라스틱 장난감 더미가 쌓여 있고 일부는 부서져 있다. 이 방은 내가 함께 앉아 있는 아이들의 삶과 다르지 않다. 그들의 마음은 일찍 버려졌다는 충격으로 산만함으로 가득 차 있다. 고통, 상실, 고독을 통해 하나님의 음성을 듣기란 어려울 수 있다. 나는, 평범함의 바다 한가운데에서 거룩한 것에 대한 인식을 높이려는 시도로, 녹색 잎이 새겨진 흰색 양털 담요로 우리 공간을 표시한다. 나는 매주 장난감을 벽 양쪽에 조심스럽게 쌓고 모든 버튼이 꺼져 있는지 확인한다. 마지막으로, 나는 희망의 의미로 방 한가운데에 담요를 놓는다. 도움이 필요한 각 어린이를 하나님이 만나 주시리라는 희망, 소란으로 얼룩진 삶에 선함과 아름다움이 여전히 존재하기를 바라는 희망으로 말이다.

그 방은 한때 기숙사로 쓰였기 때문에 문에 창문이 없다. 어린이의 안전을 위해서는 창문이 있어야 한다. 이것은 어린이를 만날 때 반드시 있어야 하는 것으로 절대로 타협할 수 없는 성질의 것이다. 우리가 헤이븐 하우스에서 어린이와 만나기 시작했을 때 이것이 첫 번째 장애물이었다. 그러나 남부의 가족 문화에서 힌트를 얻어 기술력을 발휘하여 이 문제를 해결했다. 나는 몇 야드의 캔버스, 어느 정도 투명한 플라스틱 비닐, 커튼 봉, 이동을 쉽게 할 수 있는 갈고리 몇 개를 이용해서 커튼을 걸 수 있는 일종의 문을 만들었다. 이제 우리는 사생활을 보호할 수 있고 동시에 안전한 환경도 만들 수 있었다.

어린아이와 나는 방에 들어갈 때 신발을 벗는다. 이런 행위는 일상을 벗어나 다른 시간으로 들어가고 있음을 뜻한다. 담요 위에 함께 앉아 있을 때, 나는 어린이에게 건전지로 작동하는 촛불을 켜라고 부탁한다. 이 행동은 하나님이 우리와 함께하신다는 것을 기억하게 한다. 나는 다운증후군을 앓는 다섯 살짜리 어린이를 한 시즌 동안 만날 수 있는 특권을 누렸다. 그녀가 올 때마다 우리는 신발을 벗고 앉아서 약 5분 동안 촛불을 켜고 기도했다. (이 시간이 종종 영원한 시간처럼 느껴졌다. 확실히 나는 체스터턴[G. K. Chesterton]이 "아버지의 유아기"[the infancy of the Father]라고 부르는 것을 어떤 면에서 잃어버렸다.[3]) 그녀는 경건한 마음으로 초를 잡고 불을 가볍게 두드리면서 "하나님은 나를 사랑하시고, 하나님은 당신을 사랑하신다"라고 말하곤 했다.

이런 의식은 우리의 첫 만남에서 전적으로 그녀가 창조한 것이다. 그녀는 기도를 선언한 후에 "당신 차례에요"라고 말했다. 그리고 나

---

3   G. K. Chesterton, *Orthodoxy* (Wheaton, IL: Harold Shaw, 2001), 84. "모든 데이지 꽃을 항상 똑같이 만들 필요는 없다. 하나님은 모든 데이지 꽃을 따로따로 만들지만, 이 일을 절대로 지겹게 여긴 적은 없을 것이다. 그분은 어린아이의 영원한 욕구를 가지고 계실 수 있는데, 이는 우리는 죄를 짓고 늙지만, 우리 아버지는 우리보다 젊기 때문이다."

는 그녀의 움직임과 말을 반영하여 똑같이 하곤 했다.

"하나님은 나를 사랑하시고, 하나님은 당신을 사랑하신다."

이런 행위를 네 번에서 다섯 번을 반복했다. 나는 우리의 말과 행동에서 하나님이 어떻게 역사하셨는지 궁금하다. 나는 하나님의 임재를 확실히 느낄 수 있었지만, 정말로 어떤 일이 일어났는지 그 자세한 내막은 여전히 모르겠다.

그러나 대부분 어린이는 단순히 촛불을 켜고 그것을 작은 그림 걸이 옆에 놓는다. 그 후, 나는 함께 기도해도 되는지 아이에게 묻는다. 기도는 매우 간단하다.

"조시(Josie)와 함께할 수 있어서 감사합니다. 제가 조시의 말을 잘 알아듣고 조시가 하나님의 음성을 잘 듣게 도와주세요. 아멘."

내가 어린이에게 기도로 이 모임을 시작해도 되는지 물을 때, 그들은 하나님이나 종교적 표현을 거의 모름에도 불구하고 고개를 끄덕이거나 어떤 형태로든지 대답한다. 그러나 어린이들과 만난 지 6개월쯤 되었을 때 한 어린이에게 기도해도 되는지 물었을 때, 그는 어떤 형태의 기도이든지 단호하게 거부했다. "괜찮아. 문제될 것 없어"라고 나는 말했다.

"반드시 기도해야 하는 것은 아니야.

대신 눈을 감고 좋은 일이나 아름다운 일을 상상할까?"

그는 동의했고 우리는 약 1분 동안 그렇게 했다. 내가 눈을 뜨고 거룩한 경청 돌을 꺼내기 시작하자 그는 "제가 왜 기도하지 않는지 알고 싶지 않나요?"라고 물었다. 사실, 나는 바로 그 순간 이 질문을 하고 싶었지만, 어린이의 부드러운 영혼은 들짐승과 같아서 이미 겁

이 났을 거로 생각했다. 나는 그 이유를 캐물어서 그에게 겁주고 싶지 않았다. 하지만, 알고 싶었다. 나는 가능한 한 많은 열정을 내 목소리에서 빼내며 말했다.

"네가 말한다면, 나는 들을게."

다음 10분 남짓한 시간 동안 이 소중한 하나님의 아이는 격렬한 분노를 쏟아 냈다.

그는 자신과 어머니가 학대하는 아버지에게서 도망치면서 더 갈 곳이 없어 헤이븐 하우스에 도착한 이야기를 들려주었다. 그들이 가출하기 전에는 교회가 그들에게 힘과 위안을 주었으나, 떠나고 나서는 아무도 도와주지 않았다. 교회는 그녀에게 남편에게 돌아가라고만 했다. 이 끔찍한 가족 상황을 둘러싼 모든 모호한 내용은 "우리는 하나님이 필요했지만, 하나님은 그 자리에 없었어요"라는 분노의 결론으로 압축되었다. 속으로 나는 그에게 동의했다. 학대받는 여자와 그 아들을 거부하는 신은 나도 알고 싶지 않고, 말하고 싶지도 않다. 그 아이는 나에게 귀중한 교훈을 주었다.

하나님이나 종교적 전통에 대한 어린이의 경험을 가정할 때, 많은 것을 나눌 수 없다. 나는 어린이가 주도적으로 대화를 이끌 수 있도록 더 넓은 공간을 만드는 법을 배웠다. 대신, 우리는 그의 삶에서 선하고 아름답고 진실한 것에 주의를 기울였다. 우리는 다른 사람들의 친절에 주목했고, 그에게 있는 고통의 일부를 밝히고 풀어 주었다. 그는 3주 동안 헤이븐 하우스에만 있다가 사라졌다. 세 번 만났고, 하나님에 대한 언급은 없었지만, 하나님은 분명히 그곳에 계셨다. 듣고, 눈물을 흘리며, 연약한 순간에 하나님은 그의 고통과 분노를 듣고 인정하셨다.

　다음으로 우리는 '예수와 나' 이미지에 대한 열망과 갈망의 투영으로 이동한다. 나는 어린이에게 이미지 중 하나를 선택하여 작은 그림 걸이에 놓으라고 부탁한다.[4] 촛불과 이미지로 우리는 거룩한 공간에 제단을 쌓기 시작한다. 어떤 어린이는 예수님이 누구신지 모른다. 어린이에게 이미지에 대해 조금이라도 말해 달라고 하면서, 그들이 누구냐고 묻는다. 어떤 어린이는 일반적인 예수님 그림을 보고 예수님이나 하나님이라고 말하지만, 만약 모른다고 한다면, 나는 그들이 하나님에 대하여 전통적인 기독교식의 개념이 없을지도 모른다고 생각한다.

　그리움과 열정은 이미지에서 여전히 풍기고, 아이의 내면세계를 엿볼 수 있지만, 이것이 나에게는 경청의 폭을 넓혀 주는 단서이기도 하다. 나는 성령님이 임재하시고 활동하심을 안다. 어린이가 예수님이 누구신지 모를 때에도 성령님은 그 아이의 말에 귀를 기울이신다.

　어린이의 열정과 성령의 감동에 따라, 성령의 역사를 인식하기 위해 거룩한 경청 돌을 사용하거나 다른 재료를 사용하여 예수님의 이야기를 펼칠 수 있다. 이 두 가지 경험은 모두 어린이를 자기 삶으로 초대한다. 이런 식으로 어린이의 말을 듣는 것은 위대하고 거룩한 영광이다. 그러므로 우리는 우리가 실제로 아는 것보다 더 많이 아는 척하지 말아야 하고, 어린이가 나눌 준비가 된 것보다 더 많이 나누도록 강요하지 말아야 하며, 하나님이 어린이의 삶에서 무엇을 하시

4　Jeannette Fernandez, "JesusandMeArt", *Etsy*, 2019년 7월 1일 접속 www.etsy.com/shop/JesusandMeArt?ref=search_shop_redirect.

는지 안다고 가정하지 말아야 한다. 달라스 윌라드(Dallas Willard)는 이것을 겸손의 세 가지 'P'(Pretend, Push, Presume)라고 부른다. 겸손은 어린이의 말을 경청할 때 필요한 생명을 주는 자세이다.

어린이가 자기 삶과 하나님에 대한 경험을 나눌 때, 어른은 연약함과 초청이 교차하는 순간에 귀를 기울인다. 우리는 어린이가 하나님에 대한 경험을 나누거나 음미하도록 도울 기회를 감지할 수 있다. 나는 그것을 켈트 기독교인들이 하늘과 땅이 함께하는 공간을 전달할 때 사용하는 얇은 공간, 또는 조금 더 밝게 빛나는 순간, 즉 조금 더 뜨거운 순간과 같다고 생각한다. 모든 순간은 어린이에게 진정성이 있다. 그렇지 않다면 우리와 공유하지 않을 것이다.

그 순간은 종종 어떤 신호를 인식하는 것처럼 보인다.[5] 선함, 아름다움 또는 진실이 명백한 순간, 또는 경이로움, 경외감, 눈물 또는 신비가 공유되는 순간이다. 다른 사람의 말을 적극적으로 경청하는 단순한 행위 자체가 핑(ping)이라는 점에 유의해야 한다. 어린이는 자신의 이야기를 나누면서 우리에게 자신과 연결해 달라고 요청한다. 우리가 적극적으로 경청할 때, 그 초대에 긍정적으로 응답하는 것이 되고, 따라서 어린이가 하나님을 경험하게 한다. 핑을 탐색하거나 음미한 후에는 사랑의 초대에 응답하는 행위로 이어진다.

함께하는 시간이 끝나면 거의 항상 축복한다. 어린이 교목인 리앤 해들리(LeAnn Hadley)는 축복 연고(blessing balm)라는 독창적인 아이디

▪
5 이런 핑(pings)에 관해서는 본서 제2장 "사랑의 삼위일체 공동체"를 보라.

어를 생각해 냈다.[6] 축복 연고는 "축복 연고"라고 표시된 옛 레이블 대신 새 레이블이 붙은 투명하거나 불투명한 입술 연고다. 나는 유칼립투스 향이 나는 입술 연고를 좋아한다. 첫 만남을 결론 내리면서, 나는 이것이 단순히 입술 연고에 불과하지만, 하나님이나 선하심이나 아름다움을 상기할 수 있다고 설명한다. 나는 아이의 손등에 켈트 십자가를 그리며(켈트 십자가는 단순히 손에 더 끈적거리기 때문이다) 말한다.

"하나님(또는 선함, 아름다움)을 눈으로 보기란 어렵지만, 때때로 희미한 빛을 보거나 하나님의 향기를 맡을 수 있어. 이것은 단순히 하나님을 응시하거나 하나님께 귀를 기울이라는 표시에 불과해."

어린이는 축복받기를 좋아한다!

나는 보통 이렇게 말한다.

"(어린이의 이름), 하나님은 너를 많이 사랑하시고, 항상 너 가까이 계셔. 계속해서 하나님을 보고 하나님의 음성을 듣고 하나님과 대화해."

또는, "선함과 아름다움이 너 주위에 있어. 계속 보고, 듣고, 지켜봐."

헤이븐 하우스에서는 어린이와 이렇게 동행하지만, 이것이 유일한 방법은 아니다. 부모, 조부모, 목사, 교사도 그들 가운데 있는 어린이와 동행하라고 부름을 받았다. 어린이에게 하나님을 맨 처음 경험한 이야기를 듣고, 인정하고, 격려하는 동반자가 있을 때, 이러한 경험은 뿌리를 내리고 평생의 관계로 꽃을 피우게 된다.

---

6   Leanne Hadley, "Reflections on Being a Hospital Chaplain to Children", *First Steps: Stepping Up to Wholeness Conference*, First United Methodist Church, Grand Junction, Colorado, 2021년 5월.

곰곰이 생각할 문제

다음은 하나님, 다른 사람 또는 자신과 나누는 대화를 위한 주제를 제안한다.

- 사무엘상 3:1-10을 다시 읽어라. 이 구절에서 궁금했던 점을 다시 살펴보라.
어떤 궁금증이 주위에 에너지를 가졌는지 주목하라.
그 궁금증에 대해 하나님과 대화하라.

- 하나님과 함께하는 당신의 삶이 어떻게 그리스도의 마음을 탐험하게 되었는지 생각하라.
이번 탐험에서 무엇을 발견했는가?

- 하나님에 대한 이미지가 어릴 때부터 어떻게 바뀌었는가?

- "어린이 수준에 맞추는" 사역으로서 영적 지시를 숙고하라.
어린이와의 관계는 어떠했고, 이 새로운 자세가 당신에게 어떤 도전을 줄 수 있는가?

미스터리

> 그리스도의 내주하심은 어린이에게 특히 적합한 개념인데, 이는 그들의 큰 믿음이 미스터리에 굴복하지 않고, 그들의 상상력은 그 왕이 친히 어린이의 마음에 거하신다는 놀라운 사실을 당연히 받아들이기 때문이다.
>
> - 샬롯 메이슨(Charlotte Mason) -

어린이와 영적 대화를 탐구하는 여덟 개의 장 후에, 나는 어린이의 마음에서 일어나는 일이 미스터리임을 인정할 수밖에 없다. 이 미스터리는 어린이와 함께하고 싶어 하는 어른에게 큰 안도감과 함께 좌절감을 안겨 준다. 이 사실은 나의 유한성과 취약성을 생각나게 한다.

또한, 하나님에 대한 나의 믿음에 도전하고 믿음을 키운다. 나 자신의 지식, 지혜, 통찰력을 신뢰하는 대신, 보이지 않는 분이 활발한 동역자라는 사실을 믿게 한다. 어린이는 선동자가 아닌 행동에 대한 증인이 필요하다. 증인이 된다는 것은 경계하고 관심을 기울이는 것이다. 보이는 것을 기술하는 것이다. 증인은 결과를 만들거나 공식을 따르지 않는다. 증인은 귀와 눈을 조율하고 관찰하고 격려하기 위해 말을 한다. 어린이의 영적인 삶은 놀랍도록 다양하고 복잡하다. 따라서 어린이의 삶에서 하나님과 동행하는 행위는 과학보다는 예술에 가깝다.
목사이자 작가인 조지 맥도날드(George MacDonald)는 다음과 같은 지침을 준다.

> 부모(또는 어른)는 자녀의 영적 인격을 존중하고 경건하게 접근해야 하는데, 이렇게 함으로 성부의 얼굴을 보고 그와 같이 있는 청중을 보기 때문이다. 세상의 부모(또는 어른)는 아무리 갈망해도 하나님을 대면할 수 없다.[1]

어린이와 하는 영적 대화의 중심에는 어린이와 깊고 지속적인 관계 맺기를 원하는 사랑의 삼위일체 공동체가 있다. 이것이 우리가 목격하는 미스터리다.

헤이븐 하우스(Haven House)의 어린이는 종종 믿지 않은 가정에서 온다. 하나님에 관한 대부분의 언어와 지식은 텔레비전에서 얻는다. 그러나 많은 어린이는 대중문화가 하나님을 소개하는 것과는 상반되는 개인적 경험을 회상할 수 있다. 솔직히 나는 어떻게 이런 일이 일어나는지 설명할 수 없다. 나는 단지 이런 일을 목격할 수밖에 없다. 그러나 아마도 한스 우르스 폰 발타자르(Hans Urs von Balthasar)는 그 미스터리를 나보다 더 잘 이해할 것이다. 그는 말한다.

---

1 George MacDonald, *Seaboard Parish* (n.p.: Johannesen Printing, 1868), chap. 23.

> 사랑은 모든 것의 가장 깨끗한 근원으로 이해된다. 어린이가 이것을 이해할 때, 잠자는 자기 인식의 새싹이 튼다. 너와 나 사이의 사랑은 절대적 무한함과 풍부함으로 단순한 존재보다 더 깊은 세계의 실체를 시작한다.[2]

각 어린이를 탄생하게 한 사랑과 그리움은 영적 대화에도 존재하고 어린이는 자기 실체뿐만 아니라 하나님 실체도 깨닫게 된다. 어린이 "너"와 하나님 "나"의 만남은 어린이가 혼자가 아니라는 사실을 계속해서 알려 준다.

놀이로 가득 찬 영적 지도 과정에서 브래들리(Bradley)는 아버지가 체포된 밤에 관한 이야기를 했다. 브래들리는 경찰이 그의 작은 아파트에 들어와 아버지에게 수갑을 채웠을 때 두려웠고 혼란스러워 숨어 있었다. 브래들리가 비명을 지르는 동안 '하나님의 엄마'는 모퉁이 주위에 살짝 나타났고, 이때 갑자기 안전함을 느꼈다고 브래들리는 회상했다. 나는 개신교에서 태어나서 자랐고 마리아에 대한 신학이 거의 없지만 하나님의 지문에 관해서는 안다. 남성의 학대로 남성의 이미지를 한 하나님께 다가갈 수 없는 어린이에게 마리아는 안전하며 그들을 보살피는 존재다. 하나님은 우리의 고통을 알고 우리가 들을 수 있는 언어로 말씀하기 위해 그 고통으로 들어가신다.

---

[2] Hans Urs von Balthasar, *Until You Become Like This Child* (San Francisco: Ignatius Press, 1988), 17-18.

나는 몇 가지 질문을 했고 브래들리는 자기 경험을 회상했다. 그는 하나님이 자기를 너무나 사랑해서 자기를 보호하기 위해 하나님의 친어머니를 보내셨다는 결론에 이르렀다. 그때 나는 브래들리에게 이 경험에 대한 기도를 그리라고 요청했다. 하나님은 현존하시고 인도하셨다. 브래들리의 삶을 도구로 사용하셨다. 마리아에게 비친 예수님의 삶은 보호하는 이 하나님께 더 가까이 가고자 하는 열망을 낳았다. 어린이의 말을 경청하는 어른으로서 나는 하나님의 이런 역사에 귀를 기울일 것이다.

어른은 이런 순간에 대화하고 어린이가 성찰할 수 있는 안전한 장소를 제공한다. 그럴 때 아이들과의 관계가 더욱 깊어지기를 갈망하는 삼위일체의 빛이 빛난다. 나는 경험을 정의하거나 지시할 수 없다. 내가 할 수 있는 일은 경이로움과 취약한 마음으로 경험을 지탱하는 것뿐이다. 미스터리는 훼손되지 않고 경험하는 것이다. 그것은 순수한 은혜다. 그것은 계획하거나 프로그램화하거나 규정할 수 없다.

하나님과의 관계가 친밀해지는 어린이에게 영성 형성은 중요한 의미가 있다. 나는 이 관계를 실천하는 것이 다른 사람들에게 의도적인 친절의 형태를 취할 수 있다는 것을 목격했다. 감성 지능과 사회적 인식의 심화를 통해 회복력을 높일 수 있다. 이러한 기술은 인생의 우여곡절 속에서도 한결같게 하고 불확실성에 직면했을 때도 안정감을 준다. 그것은 용서와 용감함, 세례, 희망과 자유의 증가, 두려움과 수치심의 감소, 특히 세상에서 하나님과 함께 있다는 감각으로 이어질 수 있다.

나는 독자가 이 책에 나온 아이디어, 실천 사항, 사람들에 관한 이야기를 읽으면서 마음에 어떤 동요를 일으켰기를 바란다. 당신 안에 있는 어린이가 어른이 된 당신의 삶에 초대되고, 당신이 온전해지는 과정에 살고 당신을 향한 하나님의 갈망과 사랑을 인식하는 데 중심을 두며 살기를 바란다. 그렇게 할 때, 당신의 집에 사는 자녀의 내면의 삶에 새로운 관심을 불러일으킬 수 있다. 손자녀의 내면을 엿볼 수 있는 의도적으로 경청하는 습관을 키울 수 있다. 당신의 예배하는 집이 어린이와 관계를 맺는 방식을 수정할 수도 있다. 당신이 어린이를 상담할 때 필요한 영적 지도나 영적 지도의 실천을 통합하거나 어린이 사역에 대한 영적 지도를 개발할 수도 있다.

마지막으로 다음은 독자를 위한 나의 소망이자 기도다.

마음이 새롭게 된 어린이를 경험하기를 바란다.

어린이를 점점 더 인식하고 식료품점이나 공원과 같은 일반적인 장소에 있는 어린이에게 다가가기를 바란다.

어린 시절 경험에 대한 감수성이 깊어짐에 따라 생각하고 생활하는 방식이 바뀌기를 바란다.

이야기하는 것과 말하는 것에 귀를 기울임으로써 하나님과 함께하는 어린이의 삶을 격려하기를 바란다.

당신의 삶이 사회의 소외된 어린이를 위한 기도의 삶이 되기를 바란다.

하나님이 주신 어린이의 자율성을 존중하고 어린이를 조종하거나 억누르지 않도록 특별히 주의하기를 바란다.

하나님과 함께하는 어린이의 삶을 목격할 수 있는 경외심을 불러일으키는 기회를 얻기 바란다.

감사의 말

학교 수필일지라도 글을 써 본 사람은 누구나 글쓰기가 고독한 노력을 요구하는 작업이라는 것을 잘 압니다. 꿈꾸고, 연구하고, 성찰하고, 만들고, 편집하는 모든 과정이 따로따로 이루어집니다. 이런 일이 책상에서 이루어질 때는 사실이지만, 영과 성령이 만나는 영역에서는 다릅니다.

도로시 데이(Dorothy Day)는 말합니다.

> 우리는 모두 오랜 시간 지속한 외로움을 알고 유일한 해결책은 사랑이며 그 사랑은 공동체와 함께 온다는 것을 배웠습니다.

저는 제가 속한 사랑의 공동체에 깊은 감사를 드립니다.

세대 간으로 이루어진 저의 소그룹은 6년 동안 꾸준히 빛을 비추고 격려해 주었습니다. 태마라(Tamara)와 카이저 리벤탈(Kaiser Liebenthal), 젠(Jenn)과 에멧 패리시(Emmett Parish), 앤 바거(Anne Barger), 필(Phil)과 캐롤 해롤드(Carol Harrold), 줄리(Julie)와 채드(Chad)와 에밀리(Emily)와 윌리엄 허프맨(William Huffman), 매트(Matt)와 앨리슨 코담(Allyson Cotham), 그리고 더그(Doug)와 에이단(Aidan)과 앤웬 보르고(Anwen Borgo)에게 감사드립니다. 여러분의 사랑, 확신, 웃음, 음식,

기도 그리고 든든한 버팀목이 되어 주어서 저의 짐이 덜어졌고 제 영혼이 살쪘습니다. 레노바레(Renovaré) 공동체에도 감사드립니다. 여러분은 제가 저 자신을 믿기 오래전부터 저를 믿었고 이를 증명하기 위해 기도했습니다. 변화와 위대한 사랑이 어떤 모습인지 본을 보여 주신 저의 아버지와 어머니, 글렌(Glenn)과 조우디 핀(Jody Finn)에게 감사드립니다. 그리고 제 동생 브랜든(Brandan)에게 감사드립니다. 당신의 고군분투한 믿음이 내 믿음에 연료를 공급했습니다.

트레보 허드슨(Trevor Hudson), 개리 문(Gary Moon), 로스 태툼(Ross Tatum), 디 재킷(Dee Jaquet), 체리 하워드(Cheri Howard)에게도 감사드립니다. 여러분의 격려는 친절한 은혜였습니다. 마지막으로 진(Jean)과 데이브 네빌스(Dave Nevils) 그리고 린 클라우저 홀트(Lynn Clouser Holt)에게 감사드립니다. 여러분의 날개 아래에 덜 성숙하고 초라하며 방황하는 저를 품어 주셔서 감사합니다. 여러분의 인도와 사랑으로 제가 다듬어지고 성장했습니다. 분명히, 여러분은 말과 행동이 일치하는 진실한 사람입니다. 현명하고 충실한 친구가 되어 주셔서 감사합니다. 저는 큰 행운을 얻었습니다.

어린이용 시편 23편

하나님은 나의 목자이십니다.
나는 양입니다.
목자는 내가 필요한 모든 것을 가졌는지 확인합니다.
목자는 내가 누울 수 있고 쉴 수 있는 안전한 풀밭으로 인도하십니다.
목자는 내가 먹을 수 있는 풀이 있는 푸른 초장으로 나를 인도합니다.
목자는 마실 수 있는 물웅덩이로 나를 인도합니다.
목자는 부러지거나 상처가 난 나의 모든 곳을 치료해 주십니다.
우리는 때때로 어두운 계곡을, 때로는 죽음의 계곡을 걷습니다.
그러나 목자가 나와 함께하므로 나는 두렵지 않습니다.
목자는 내 옆을 걷습니다.
목자의 믿음직스러운 지팡이가 나를 안심하게 합니다.
착한 목자인 당신은 내가 나쁜 사람들에게 둘러싸여 있을 때 돌봐주실 것입니다.
착한 목자인 당신은 나에게 음식, 맛있는 음식을 줍니다.

착한 목자인 당신은 다른 사람이 나를 모른 척 해도 여전히 나를 선택하고 좋아합니다.

나는 좋은 것에 둘러싸여 있습니다.

나는 친절에 둘러싸여 있습니다.

착한 목자는 나의 안식처입니다.

나는 당신 안에 살고 당신은 내 안에 살고 있습니다. 영원히.

워십 우드웍스(Worship Woodworks[worshipwoodworks.com])에는 시편 23편에 대한 목제 자재 및 인물 세트와 예수님의 생애에 관한 세트가 있다.

미로를 걷는 데 필요한 세 가지 기도 안내

1. 예수님과 동행

신발을 벗으세요.
심호흡하세요. 발끝까지 숨을 쉴 수 있는지 확인하세요.
한 번 더.
한 번 더.
천천히 걷기 시작하세요.
걸으면서 발의 각 부분을 느낄 수 있는지 확인하세요.
먼저 발뒤꿈치, 그다음 발의 중간 부분, 그다음 발볼, 그다음 발가락.
이것을 몇 번 하세요.
오늘은 몸의 어떤 부분이 무거운가요?
그것에 대해 예수님과 이야기하세요.
오늘 두려움을 느꼈던 때가 있었나요?
그것에 대해 예수님과 이야기하세요.
오늘 외로웠던 때가 있었나요?

그것에 대해 예수님과 이야기하세요.

가운데에 도착하면 세 번 심호흡하고 당신을 사랑하는 예수님과 대화하세요.

당신의 무거운 짐을 지고 함께 걸으시도록 예수님을 초대하세요.

길을 걷기 시작하세요. 미로에 닿는 발의 각 부분을 느껴보세요.

내일 예수님이 당신의 무거운 짐을 짊어지실 때 어떤 모습일지 상상해 보세요.

마치면서 예수님이 당신과 함께 걸으신 것에 대해 감사드리세요.

2. 예수님과 함께 성찰

신발을 벗으세요.

심호흡하세요.

한 번 더.

한 번 더.

천천히 걷기 시작하세요.

걸으면서 하루를 반성하세요.

이 산책은 어떤 면에서 당신의 하루와 같나요?

오늘 감사한 일 두 가지를 뽑으세요.

그것에 관해 예수님과 이야기하세요.

오늘 일어나지 않았으면 하는 일 두 가지를 뽑으세요.

그것에 관해 예수님과 이야기하세요.

가운데에 도착하면 세 번 심호흡하고 당신을 사랑하시는 예수님과 이야기하세요.

당신과 함께 내일로 걸어갈 예수님을 초대하세요.

당신이 내일 고대하는 한 가지에 관해 예수님과 이야기하세요.

당신이 내일 두려워할 일 한 가지에 관해 예수님과 이야기하세요.

내일 예수님이 좋을 때나 어려울 때 당신과 함께 걸을 때 어떨지 상상해 보세요.

마치면서 당신과 함께 걷고 떠날 때 함께 걸어 주실 예수님께 감사드리세요.

3. 선한 목자와 함께 걷기

신발을 벗으세요.

깊고 천천히 세 번 호흡하세요.

눈을 감고 당신이 양이고 하나님이 목자라고 상상하세요.

가운데로 오면서 다음 기도를 하며 천천히 걷기 시작하세요.

하나님은 나의 목자이십니다.

나는 양입니다.

목자는 내가 필요한 모든 것을 가졌는지 확인합니다.

목자는 내가 누울 수 있고 쉴 수 있는 안전한 풀밭으로 인도하십니다.

목자는 내가 먹을 수 있는 풀이 있는 푸른 초장으로 나를 인도합니다.

목자는 마실 수 있는 물웅덩이로 나를 인도합니다.

목자는 부러지거나 상처가 난 나의 모든 곳을 치료해 주십니다.

우리는 때때로 어두운 계곡을, 때로는 죽음의 계곡을 걷습니다.

그러나 목자가 나와 함께하므로 나는 두렵지 않습니다.

목자는 내 옆을 걷습니다.

목자의 믿음직스러운 지팡이가 나를 안심하게 합니다.

착한 목자인 당신은 내가 나쁜 사람들에게 둘러싸여 있을 때 돌봐 주실 것입니다.

착한 목자인 당신은 나에게 음식, 맛있는 음식을 줍니다.

착한 목자인 당신은 다른 사람이 나를 모른 척해도 여전히 나를 선택하고 좋아합니다.

나는 좋은 것에 둘러싸여 있습니다.

나는 자비로움에 둘러싸여 있습니다.

착한 목자는 나의 안식처입니다.

나는 당신 안에 살고 당신은 내 안에 살고 있습니다. 영원히.

가운데에 도착하면 세 번 심호흡하고 양이 어떻게 느끼는지 예수님과 이야기하세요. 미로에서 나오면서 시편 23편으로 다시 기도하세요(기도의 말씀을 다시 읽으세요).

마치면서, 당신의 상상 속에서 함께 걸어가신 예수님께 감사드리세요. 당신과 계속 대화할 수 있도록 예수님을 초대하세요.

몸으로 하는 어린이용 주기도문

"내 곁에 계시는 내 아버지/어머니."[1]

(발을 어깨너비로 벌리고 팔을 하늘로 뻗어 똑바로 선다.)

"모두가 당신의 이름을 사랑하기를 바랍니다."

(몸을 그대로 유지하고 하나님을 향하여 가장 큰 미소를 지으라.)

"하늘이 당신 안에서 온전한 것처럼 세상도 계속해서 온전하게 하기를 바랍니다."

(팔을 넓게 벌려 하늘을 향하게 한 다음 큰 바구니를 들고 있는 것처럼 옆으로 내린다.)

"저에게 오늘 필요한 것을 주십시오."

(바닥에 앉아서 필요한 것을 손에 잡으라. 손에 필요한 것이 무엇인지 상상하라. 그것을 받아 당신의 마음이나 입이나 생각에 부어 주라. 필요한 모든 것을 요청할 때까지 이 과정을 반복한다.)

■
1 여기에 있는 문구는 나의 것이지만 이 기도문은 *The Divine Conspiracy: Rediscovering Our Hidden Life in God* (San Francisco: HarperSanFrancisco, 1998), 269에 있는 달라스 윌라드(Dallas Willard)에게서 영감을 받았다.

"제가 다른 사람을 용서하는 법을 배우는 동안 저를 용서하십시오."

(한 손을 마음에 대고 다른 손을 펼쳐서 받으라. 이번 주에 당신을 슬프게 하거나 상처 준 일을 생각하라. 그것에 대해 하나님께 이야기하라. 끝나면 두 팔로 자신을 감싸서 크게 껴안아라.)

"시련과 나쁜 일에서 저를 구해 주십시오."

(앉은 자세에서 무릎까지 올라와 허리에 손을 얹는다. 당신에게 있는 걱정을 마음으로 가져오라. 하나님께 도움을 구하라.)

"주님, 주님이 모든 것을 통제합니다. 그리고 모든 권세와 모든 영광이 주님께 있습니다. 저도 이것을 원합니다."

(일어서서 이리저리 뛰어다니며 권세와 영광과 능력을 잡고 상상의 바구니에 담은 다음 그 바구니를 하나님께로 들어 올려라.)

"그냥 두어라!"

(기뻐하며 뛰어라!)

거룩한 경청에 대한 정보 및 허가 양식

1. 거룩한 경청

어린이가 경험한 삶을 의미 있게 하려고 할 때 그들의 말을 듣고 지원하는 사역입니다.

2. 정보

어린이 이름: _____
어린이 주소: _____
어린이 생일: _____
부모/보호자 성명: _____
주소: _____
전화번호 1: _____
전화번호 2: _____
부모/보호자 이메일: _____

어린이의 가정 환경을 서술하시오(식구 등): _____
소속 신앙 공동체: _____

책자에 설명된 대로 사역을 읽고 이해했습니까?
예 / 아니오

이 양식에 서명함으로써 법으로 보고해야 하는 정보만 제외하고, (부모 또는 보호자에게 내용을 공개하지 않는 것을 포함하여) 내용이 기밀로 유지된다는 데 귀하가 동의한다는 것을 이해하십니까?
예 / 아니오

아래에 서명함으로써, 나는 거룩한 경청 제공자가 내 아이를 만나는 것을 허락합니다. 나는 정보 책자를 읽었고 제공된 사역이 본질적으로 심리학적이지 않고 영적이라는 것을 이해했음을 확인합니다.

(성명) _____
(서명) _____
(날짜) _____

3. 거룩한 경청

어린이가 경험한 삶을 의미 있게 하려고 할 때 그들의 말을 듣고 지원하는 사역입니다.

1) 거룩한 경청의 의미

(1) 어린이가 삶에서 경험한 것에 관하여 자신을 표현할 때 전폭적인 관심을 받는 것.
(2) "영혼의 친구", 어린이의 삶에서 하나님의 임재를 인식하고 그에 응답하도록 돕는 사람.
(3) 비밀 유지. 귀하의 자녀를 보호하기 위한 경우가 아니면(법률에 따라) 누구에게도 자녀의 말을 공개하지 않습니다.
(4) 안전. 우리는 어린이가 우리와 대화할 때마다 어린이의 안전을 보장하는 관행을 준수합니다.

참 경청자이신 성령과 관심의 중심에 있는 어린이와 함께, 거룩한 경청자는 어린이가 이야기하고 나눌 수 있는 영혼의 친구가 됩니다. 거룩한 경청자는 어린이가 자기 경험에 대해 이야기할 때 증인으로서 한결같은 관심을 가지고 참석합니다. 거룩한 경청자는 또한 어린이가 모든 경험에서 하나님의 역사를 인식하고 반응하도록 도와줍니다. 장난감을 가지고 노는 것, 예술로 표현하는 것, 다양한 수단을 써 하나님과 대화하는 것이 거룩한 경청에 포함될 수 있습니다.

각 과정은 어린이의 연령과 그들이 직면한 상황에 따라 30분에서 45분 정도 소요됩니다. 어린이, 부모/보호자 그리고 거룩한 경청자는 얼마나 자주 만날지 결정할 것입니다. 기밀 유지와 안전이 가장 중요하지만 '거룩한 경청은 상담, 심리 치료 또는 고정 방법론(fix-it methodology)이 아닙니다.' 그러나 학대가 의심되거나 어린이가 자신이나 타인에게 위험할 경우 거룩한 경청자는 법이 요구하는 대로 당국에 알립니다.

참고 문헌

Csinos, David M., and Ivy, Beckwith. *Children's Ministry in the Way of Jesus*. Downers Grove, IL: InterVarsity Press, 2013.

Hart, Tobin. *The Secret Spiritual World of Children*. Novato, CA: New World Library, 2003.

Hay, David and Rebecca Nye. *The Spirit of the Child*. Rev. ed. London: Fount, 2006.

Hyde, Brendan. *Children and Spirituality: Searching for Meaning and Connectedness*. London: Jessica Kingsley, 2008.

Keating, Noel. *Meditation with Children: A Resource for Teachers and Parents*. Dublin, Ireland: Veritas, 2017.

Nye, Rebecca. *Children's Spirituality: What It Is and Why It Matters*. London: Church House, 2009.

Stairs, Jean. *Listening for the Soul: Pastoral Care and Spiritual Direction*. Minneapolis: Fortress Press, 2000.

Stonehouse, Catherine and Scottie, May. *Listening to Children on the Spiritual Journey: Guidance for Those Who Teach and Nurture*. Grand Rapids: Baker Academic, 2010.